Hinweise auf **Mobile** Zusatzmaterialien finden sich im hinteren Teil des Buches.

Mobile 2

Lesebuch

westermann

Inhalt

Das Hexenhaus

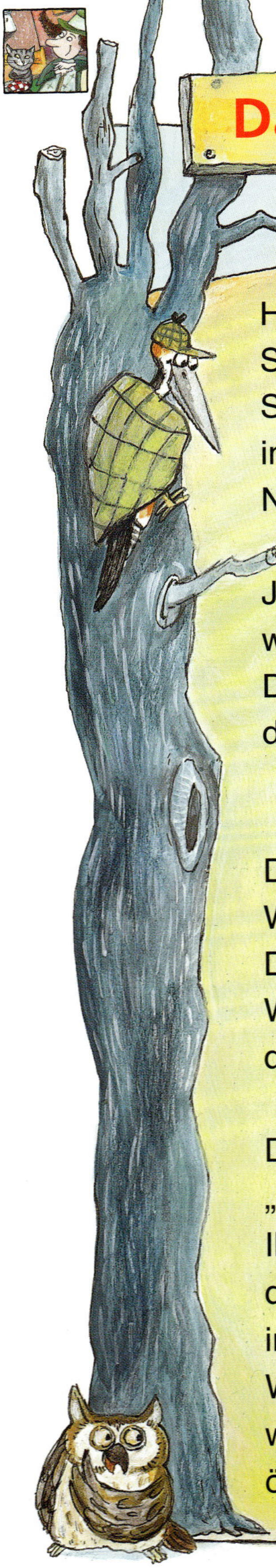

Hier wohnt die Buchstaben-Hexe.
Sie heißt Xaxa.
Sie hat alle kleinen Buchstaben
im Dachboden eingesperrt.
Nur einer ist entwischt.

Jan und Jule
wollen die Buchstaben befreien.
Dazu müssen beide heimlich
durch alle Zimmer gehen.

Die Hexe hat aber alle Türen verhext.
Wie gehen sie nur auf?
Die Tiere des Waldes wissen es.
Wie gut,
dass sie den Kindern helfen wollen.

Die Eule flüstert:
„Seht euch den Zaun an.
Ihr müsst zu jedem großen Buchstaben
den kleinen Buchstaben
im Dachboden finden.
Wenn ihr wisst,
welcher fehlt,
öffnet sich die Tür.“

j
u
t
o
g
w
i
d
m
b
r
l
qu
y
p
k
f
c
a
s
z
v
x
h
e
XAXA
Qu R S T U V W X Y Z

Im Zauber-Zimmer

Jan und Jule
stehen im ersten Zimmer.
Viele schöne Dinge
schweben in der Luft.

Der Specht flüstert:
„Ihr müsst drei Dinge mit **K**
und drei Dinge mit **B** berühren.
Dann öffnet sich die Tür.“

Im Geschichten-Zimmer

Es ist  .

Ein  reitet mit seinem 

in die  .

Am 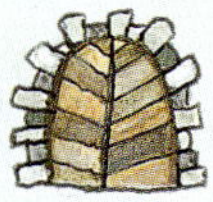 sitzt ein  ohne  .

Der  nimmt sein 

und teilt seinen  in zwei Stücke.

Eine Hälfte schenkt er dem 

und reitet weiter.

In diesem Zimmer
steht eine bekannte Geschichte
an der Wand.

Der Frosch flüstert:
„Lest die Geschichte.
Wenn ihr
den Namen des Reiters
sagen könnt,
öffnet sich die Tür.“

Im Rückwärts-Raum

Hier müssen Jan und Jule
rückwärts gehen.
Alles geht hier rückwärts.
Die Uhr schlägt erst drei,
dann zwei, dann eins … .

Die Spinne flüstert:
„Lest alle Wörter rückwärts.
Wie viele Wörter bleiben gleich?
Wie viele ergeben ein neues Wort?
Wenn ihr es wisst,
öffnet sich die Tür.“

Im Treppenhaus

Jan und Jule
kommen ins Treppenhaus.
Hinauf und hinunter geht es,
hin und her.
Wohin führt der Weg?

Der Hase flüstert:
„Geht langsam
von Stufe zu Stufe.
Lest,
was auf jeder Stufe steht,
dann öffnet sich die Tür.“

Im Zwillings-Zimmer

Hier hält Xaxa Wörter gefangen, die ganz ähnlich aussehen. Oft ist zwischen zwei Wörtern nur ein kleiner Unterschied – wie bei richtigen Zwillingen.

Das Eichhörnchen flüstert: „Ihr müsst acht Zwillings-Paare finden, dann öffnet sich die Tür.“

Endlich frei!

Alle Buchstaben
sind nun wieder frei.
Sie flüchten aus dem Hexenhaus.
Draußen warten schon
die großen Buchstaben.
Sie tanzen vor Freude.
Und aus den Buchstaben
werden Wörter,
und aus den Wörtern
werden Geschichten.

Ich bin ich

Pablo Picasso, Mädchen mit Taube, 1901

„Das Mädchen
hat die Taube sehr lieb."

„Das Mädchen
sieht sehr nachdenklich aus."

„Der Maler
hat viele dunkle Farben verwendet."

Manchmal wär ich gern

Manchmal wär ich gern ein Tiger.
Mein kleiner Bruder Simon
darf dann immer auf mir reiten.
Wenn Simon in der Nacht Angst hat,
dann schlüpf ich zu ihm ins Bett
und beschütze ihn.
Er kuschelt sich an mein Fell,
und ich erzähle ihm
eine Geschichte
aus dem Dschungel.

Erhard Dietl

Seite 151

Ich kann was Tolles! – Und was kannst du?

„Ich kann vor Wut meine Fellhaare sträuben
und vor Freude mit dem Schwanz wackeln“,
sagte der **Hund** zum **Pinguin**.
„Und was kannst du?“

„Oh! Hm! Ha!
Ich kann bei Eiseskälte ohne Mütze,
Mantel und Schal im Schnee herumspielen
ohne zu frieren“,
sagte der **Pinguin** zum **Eichhörnchen**.
„Und was kannst du?“

„Oh! Hm! Ha!
Ich kann von einem Baum zum nächsten springen
und so viele Nüsse in meine Backen stopfen,
dass der Vorrat für viele Tage reicht“,
sagte das **Eichhörnchen** zum **Igel**.
„Und was kannst du?“

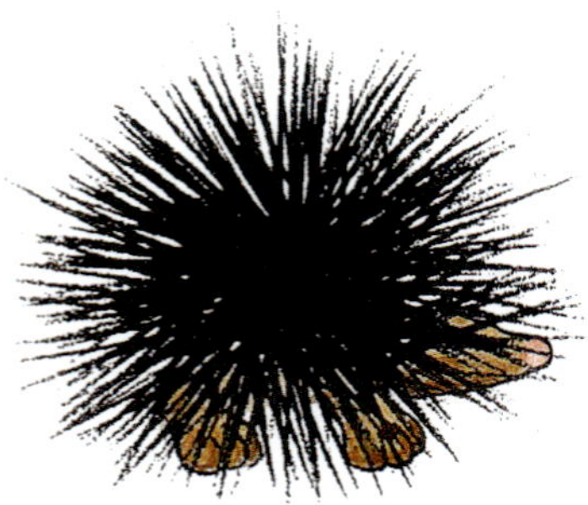

„Oh! Hm! Ha!
Ich kann mich in eine Stachelkugel
verwandeln“, sagte der **Igel** zur **Maus**.
„Und was kannst du?“

„Oh! Hm! Ha!
Ich kann einen riesengroßen Käse tragen“,
sagte die **Maus** zur **Katze**.
„Und was kannst du?“

„Oh! Hm! Ha!
Ich kann wunderschön schnurren,
mich wie ein Kissen zusammenrollen
und dir den Bauch wärmen“,
sagt die **Katze** zu **dir**.
„Und was kannst du?“

Jetzt bist du daran zu überlegen,
was du kannst.
Schreibe es auf oder male es.

Und nun geh zu
deiner Mama
oder deinem Papa
oder zu einem Freund,
erzähle es ihnen
und frage sie:
„Und was kannst du?“

Leo Löwe

Seite 145

Auf einmal kann ich es

„Was machst du?“, fragt Bernd,
der auf der Straße spielt.

„Ich gehe für meine Mutter einkaufen“,
sagt Suse.

„Was, du darfst schon einkaufen?“,
fragt Bernd.

„Was, du darfst noch nicht einkaufen?“,
fragt Suse zurück.

„Meine Mutter sagt immer, ich bin noch zu klein“,
antwortet Bernd traurig, „dabei bin ich gar nicht
zu klein.“

„Willst du mitkommen? Ich lass’ dich dann
für mich einkaufen.“
Suse gibt Bernd das Geld und den Beutel.

„Meine Mama sagt immer: Ich soll alles versuchen.
Und wenn ich es nicht kann, dann darf ich es
noch einmal versuchen und wieder noch einmal.
Und auf einmal kann ich es dann!
Schleifen binden. Rad fahren.
Pfannkuchen zerschneiden. Bälle schnappen.
Ein volles Glas die Treppe hinauftragen.
Und natürlich einkaufen.“

Otti Pfeiffer

Seite 145

Was Pauline alles kann

Pauline kann keinen Handstand und keinen Kopfstand.
Sie kann nicht tanzen, sie kann nicht reiten,
sie kann nicht ...

Was kann sie eigentlich?
Immerhin ist sie seit Jahren beim Zirkus!
Pauline ist die freundliche alte Dame,
die im Kassenhäuschen sitzt
und die Zirkuskarten verkauft.
Aber sie kann nicht nur Karten verkaufen!

Sie kann viel mehr:
- sie kann zuhören und erzählen,
- sie kann Streit schlichten und trösten,
- sie kann mit anderen lachen und auch weinen,
- sie kann Puppenkleider nähen,
- sie kann aus allerlei Kräutern Hustentee kochen
- und auch gegen Langeweile hat sie immer ein Rezept.

Außerdem backt sie die besten Apfelkrapfen der Welt.
Selbst der Zirkusdirektor findet,
dass Pauline die wichtigste Person im ganzen Zirkus ist.
Und das sagt er bestimmt nicht nur,
weil er so gerne Apfelkrapfen isst ...

Ursel Scheffler

Da liegt ein Krokodil unter meinem Bett

Da war immer ein Krokodil
unter meinem Bett.
Wenn es Zeit war,
schlafen zu gehen,
musste ich sehr vorsichtig sein,
ich wusste ja, es war da.
Aber jedes Mal,
wenn ich runter guckte,
hatte es sich versteckt, irgendwie.

Da habe ich Mama
und Papa gerufen, aber komisch,
die haben es nie gesehen.
Ich habe mir gedacht,
da muss ich eben selbst was tun
gegen das Krokodil.

Ich bin in die Küche gegangen
und hab Krokodilfutter geholt.
Ein Brot mit Erdnussbutter und
etwas Obst und das letzte Stück Kuchen
hab ich in die Garage gebracht,
Kekse hingelegt, quer durch die Diele,
und frisches Gemüse auf die
Treppenstufen, eine Limonade
neben das Bett gestellt
und Bonbons ausgestreut.
Dann habe ich aufgepasst, was passiert.

Und tatsächlich
– da kam es raus
und holte sich was zu fressen.
Ich hab mich schnell
in dem Schrank im Flur versteckt
und bin vorsichtig hinter ihm
hergeschlichen, die Treppe runter,
und durch die Diele.

Und als es in die Garage kroch,
hab ich – rums – die Tür zugeschlagen
und abgesperrt.

Dann bin ich raufgelaufen in mein Bett.
War nicht groß was aufzuräumen.
Alles in Ordnung.

Ich bin bloß gespannt –
jetzt, wo das Krokodil in der Garage ist,
wie Papa morgen früh
in sein Auto kommt.

Ich schreib ihm lieber einen Zettel.

Mercer Mayer

Seite 141

Schimpfeln

Sofie steht mitten auf dem Schulhof. Die Kinder rennen um sie herum. Sofie ist ganz rot im Gesicht. Sie hat eine riesige Wut. Katja und Olli wollen nicht mit ihr spielen.

„Ihr blöden Hornochsen!“, schreit sie. Sie schreit es ein paar Mal hintereinander.

Frau Heinrich kommt auf sie zu. Sofie ist es egal. Ihre Wut ist wichtiger als Frau Heinrich.

„Fluch doch nicht so, Sofie“, sagt Frau Heinrich. „Das ist hässlich.“ „Aber die lassen mich nicht mitspielen“, schreit Sofie. „Dann musst du mit ihnen reden.“ „Das tu ich doch“, sagt Sofie. „Nein, du brüllst und schimpfst.“

Sofie blinzelt Frau Heinrich nachdenklich an. Auf einmal sagt sie ganz leise: „Die blöden Hornochsen! Die blöden Hornochsen!“ Frau Heinrich schüttelt den Kopf. „Dadurch wird es nicht besser. Du fluchst noch immer.“ Sofie schüttelt den Kopf.

„Nein, das ist geflüchelt. Weil es leise ist.“
Frau Heinrich lacht. „Immer hast du Ausreden.“

Katja und Olli kommen angerannt.
Sie pusten und sind ganz außer Atem.
„Da sind die beiden ja.
Jetzt musst du nicht mehr schimpfen“,
sagt Frau Heinrich.
„Aber vielleicht schimpfeln“, sagt Sofie.

Peter Härtling

Was macht dich wütend?

Seite 143 Seite 145 Seite 161

Gemeinsam geht es besser

Jozef Israëls, Meereskinder, 1872

Die Kinder sind Freunde,
sie kennen sich schon lange.

Vielleicht sind sie
Geschwister.

Der Himmel – wo der Himmel
in das Wasser fällt.

Der eine trägt das kleine Kind
auf dem Rücken.

Freunde

Freunde sind wichtig
zum Sandburgenbauen,
Freunde sind wichtig,
wenn andere dich hauen,
Freunde sind wichtig,
zum Schneckenhaussuchen,
Freunde sind wichtig
zum Essen von Kuchen.

Vormittags, abends,
im Freien, im Zimmer ...
Wann Freunde wichtig sind?
Eigentlich immer!

Georg Bydlinski

Seite 147 Seite 149

Gemeinsam geht es besser

Kinder aus der Klasse 2c berichten:

Christian: „Marvin hat mit mir meinen Turnbeutel aus der Klasse geholt.“

Pia: „Wenn ich mal eine Mathe-Aufgabe nicht weiß, dann frage ich Helen.“

Sylvie: „Wenn ich mit Leonie und Leana und Maren zur Schule gehe, erzählen wir uns viel.“

Raul: „Als ich einen Ball ins Gesicht bekommen habe, da hat mir Jan geholfen.“

Manchmal geht es gemeinsam besser.
Hast du das auch schon einmal gemerkt?

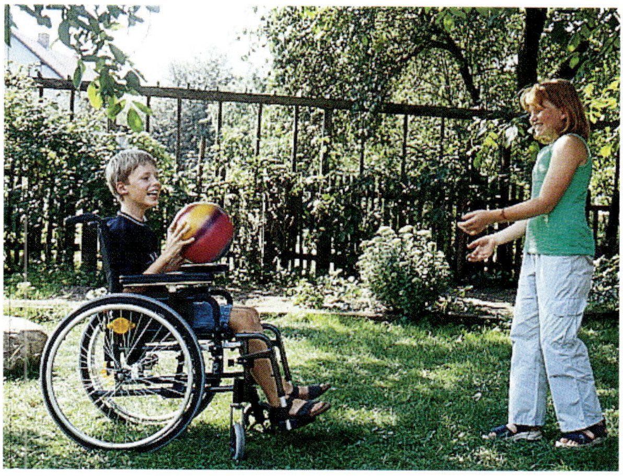

Wir

Ich bin ich und du bist du.
Wenn ich rede, hörst du zu.
Wenn du sprichst, dann bin ich still,
weil ich dich verstehen will.

Wenn du fällst, helf ich dir auf,
und du fängst mich, wenn ich lauf.
Wenn du kickst, steh ich im Tor,
pfeif ich Angriff, schießt du vor.
Spielst du pong, dann spiel ich ping,
und du trommelst, wenn ich sing.

Allein kann keiner diese Sachen,
zusammen können wir viel machen.
Ich mit dir und du mit mir –
Das sind wir.

Irmela Brender

Seite 147

Eine Neue in der Klasse

Ich
würde
mich
am
liebsten
verstecken.
Alle
starren
mich an.
Lacht
die
mich
aus?
Ich
würde
am
liebsten
im Boden
versinken …

Aliki

Es tut mir Leid

Seite 145 Seite 161

Alles Familie

Elsa ist sehr unzufrieden mit ihrem Papa. Und eines Tages beschließt sie eine Anzeige in der Zeitung aufzugeben:

„Elsa sucht richtige Familie“.

Sie bekommt einen großen Stapel Briefe zugeschickt.

„Sind wir denn keine richtige Familie?“, fragt ihr Papa.
„Nein. Mama ist ausgezogen und du hast nie Zeit für mich.“
„Aber dafür bin ich doch den ganzen Tag bei dir zu Hause“, sagt Papa.
„Ja und dann arbeitest du nur oder telefonierst mit anderen Leuten.“
„Weil ich wichtige Termine habe.“
„Die habe ich jetzt auch“, sagt Elsa und geht mit großen Schritten zur ersten Familie ...

Bei der Familie Malenke trifft sie Ralf. Er erklärt seine Familie: Ralfs Eltern haben sich scheiden lassen. Seine Mama hat Paul geheiratet. Jetzt hat er eine neue Schwester: Pia. Pia ist eine Tochter aus Pauls erster Ehe. Und Mama und Paul haben ein Kind zusammen. Das ist Lorenz, sein Halbbruder.

Elsa geht weiter zu Familie Ludwig.
Bei Ludwigs kümmern sich
die Großeltern um ihre Enkel,
während die Eltern arbeiten gehen. ...

Elsa kommt auch zu der Familie Mombo.
Die Mombos haben
ein exotisches Gericht gekocht.
„Gibt es hier keine Pommes mit Ketchup?“,
fragt Elsa.
„Nein“, sagt Frau Mombo,
„das ist doch kein richtiges Essen.“

„Wisst ihr denn auch,
was eine richtige Familie ist?“,
fragt Elsa.
„Ich glaube, eine richtige Familie ist,
wenn man sich wohl fühlt“,
sagt Herr Mombo.

Als Elsa am Abend nach Hause kommt,
schwirrt ihr Kopf.
„Papa, du glaubst gar nicht,
was ich heute alles erlebt habe.“
„Hast du denn eine
richtige Familie gefunden?“
„Eine? Elf! – Wir sind übrigens auch eine.“
„Da bin ich aber froh“, sagt Papa
und gibt Elsa einen dicken Kuss.

Knut Hamann / Birgit Schössow

Erst den einen Fuß und dann den anderen

Bobby wurde nach seinem besten Freund genannt. Und das war sein Großvater Bob. *Bob* war das erste Wort, das Bobby sagen konnte.

Bob war es, der Bobby das Laufen beibrachte. „Nimm meine Hände, Bobby“, sagte Großvater. „So, erst den einen Fuß – und dann den anderen.“

Nicht lange nach Bobbys Geburtstag wurde Großvater sehr krank. Bobby kam nach Hause und sein Großvater war nicht da. „Bob ist im Krankenhaus“, sagte Papa zu Bobby. „Ich möchte ihn besuchen“, sagte Bobby.

„Das darfst du nicht“, sagte Mama. „Im Moment kann niemand Bob besuchen. Er ist zu krank.

Er kann seine Arme und Beine nicht bewegen
und er kann auch nicht sprechen.
Wir müssen warten und hoffen, dass es Bob bald besser geht."

Und Bob wurde wieder gesund.
Ganz langsam fing er an, ein wenig zu sprechen.
Es klang merkwürdig,
aber er konnte „Bobby" sagen,
so klar wie der helllichte Tag.
Bobby half dabei, seinen Großvater zu füttern,
doch eines Tages konnte Bob den Löffel selber halten.

Doch laufen, das konnte er noch nicht.
Kurz darauf stand Bob langsam auf.
Ganz, ganz langsam.
„Du. Ich. Laufen", sagte Bob.
Bobby wusste genau, was Bob tun wollte.
Bobby stellte sich vor Bob hin
und Bob konnte sich
auf seine Schultern stützen.
„Gut, Bob. Erst den einen Fuß."
Bob schob einen Fuß nach vorn.
„Und jetzt den anderen."
Und Bob bewegte den anderen Fuß.

Als der Sommer zu Ende war,
konnten Bob und Bobby schon
bis zum Ende der Wiese laufen.

Tomie de Paola

Seite 145

Im Herbst

Pierre Dupuis, Pflaumen, Melonen und Pfirsiche auf Marmortisch, 1650 (Ausschnitt)

Herbstgedicht

Ich schreibe dir ein Herbstgedicht
von überreifen Birnen.
Um Äpfel, Zwetschgen geht es nicht:
Dies ist ein reines Birngedicht,
so tief im Laub und gelb im Licht,
so schwer, dass hier die Zeile bricht.

Jürg Schubiger

Seite 143 Seite 153

Der Apfel

In meinem Apfel wohnt ein Wurm
und hat dort seine Wohnung
mit einem kleinen Aussichtsturm
und einer schönen Schonung[1].

Wenn ich den Apfel essen mag,
dann schell ich dreimal Sturm,
dann öffnet er den Türverschlag
und meldet sich: „Hier Wurm“.

Herr Wurm, ich habe Appetit,
mich reizt Ihr Apfelhaus.
Sie wohnen dort doch nur zur Miet,
ich schmeiße Sie nun raus.

Dann windet er sich hin und her
und heult mir laut was vor:
„Ich schlepp an meinem Ende schwer.“
Wir singen dann im Chor:

„Wenn einer eine Wohnung hat,
dann lass sie ihm daheim,
und wär es ein Kohlrabiblatt
oder ein Äpfelein.“

In meinem Apfel wohnt ein Wurm
und hat dort seine Wohnung
mit einem kleinen Aussichtsturm
und einer schönen Schonung.

Erwin Grosche

Apfel

Reinhard Döhl

---

[1] Eine Schonung ist ein Ort im Wald, an dem kleine Pflanzen stehen.

Seite 143 Seite 153 Seite 155

Der Papierdrachen

Ich segle
stolz in blauer Höh'
und lache auf euch nieder.
Wenn ich die Welt von oben seh',
freut mich das Dasein wieder.
Ein ganzes Jahr musst' ich daheim
in einem Winkel liegen.
Nun aber darf ich glücklich sein,
darf fliegen,
fliegen,
fliegen.

Vera Ferra-Mikura

Seite 155

Windgedicht

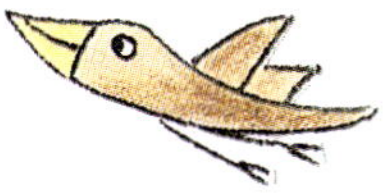

Wirf ein Wort
in die Luft, der Wind
trägt es fort.

Dann warte
bis der Wind sich dreht
und Antwort bringt.

Hubert Schirneck

            w   w
         d   i
      n   n   n
   i   d   i   d
w   w

Eugen Gomringer

Seite 153

Regen

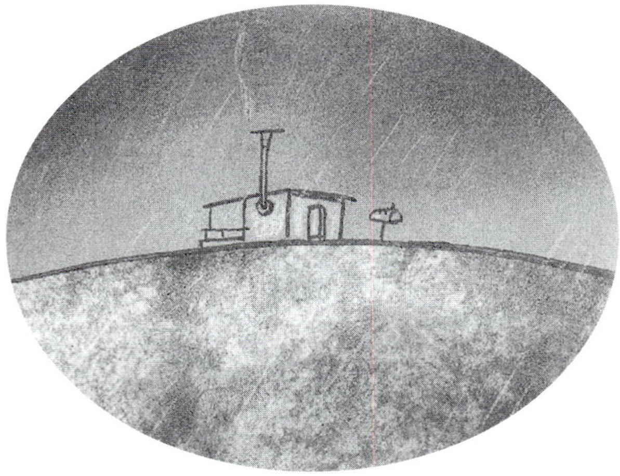

Der Regen prasselt
auf Wolfs Haus.
Es klingt
wie Trommelwirbel.
Lamm läuft im Haus
hin und her.
Und hin. Und her.
Und wieder hin.
Und noch einmal.

„Was machst du da, Wolf?“, fragt Lamm.
„Ich schreibe“, sagt Wolf.
„Oh“, sagt Lamm und läuft wieder hin und her.

Der Regen hält sie davon ab,
nach draußen zu gehen.
Lamm trippelt zum Fenster.
Der Regen rauscht.
Der Regen macht alles grau.

Lamm dreht sich um. „Was schreibst du, Wolf?“
„Eine Liste“, sagt Wolf.
„Oh.“ Lamm schaut wieder nach draußen
und versucht, alle Bäume zu zählen,
die vom Fenster aus zu sehen sind.

Nach mehreren Versuchen hört es damit auf.
Es sind zu viele.
Und der Regen hängt wie ein Schleier davor.

„Was für eine Liste?“, fragt Lamm.
„Eine Liste von Dingen, die ich nicht habe“, sagt Wolf.
Lamm läuft zu dem Tisch, an dem Wolf sitzt.

„Was hast du nicht?“
„Eine Zigarre“, liest Wolf vor.
„Eine Zigarre?“, Lamm staunt.
„Aber, willst du denn rauchen?“
„Bah!“ Wolf schüttelt sich. „Nein.“
„Was willst du denn mit einer Zigarre?“
„Nix“, sagt Wolf. „Deshalb habe ich auch keine Zigarre.
Darum muss eine Zigarre auf die Liste von Dingen,
die ich nicht habe.“

„Und was steht noch auf deiner Liste?“
„Ein Primaron“, liest Wolf vor.
„Was ist das?“
„Weiß ich nicht“, sagt Wolf.
„Aber ich weiß genau,
dass ich kein Primaron habe.
Oder siehst du hier vielleicht ein Primaron?“
Lamm schaut sich um. „Nein.“

Wolf schreibt weiter an seiner Liste.
„Kannst du alles schreiben, was du willst?“
„Alles.“ Wolf schreibt und schreibt.

„Kannst du auch schreiben:
Guten Tag, liebes Lamm?“

„Auch das“, sagt Wolf.

„Dann schreib es mal!“, sagt Lamm.

Wolf nimmt ein anderes Blatt Papier und schreibt.

„Hier steht es.“

„Gut. Lies mal vor.“

„Guten Tag, liebes, liebes Lamm“, liest Wolf.

„Steht es wirklich so da?“

„Ja.“

„Liebes, liebes?“, fragt Lamm.

„Ja.“

„Dann bin ich noch lieber, als ich gesagt habe.“

„Ja“, sagt Wolf.

Lamm schaut aus dem Fenster.

Der Regen rauscht und klingt noch immer wie ein Trommelwirbel.

„Weißt du, Wolf, der Regen gefällt mir.“

„Warum?“, fragt Wolf.

„Weil du dann so schöne Dinge schreibst.“

Ben Kuipers

Seite 145 Seite 161 Seite 165

Regen

Regenplage graue Tage,
Regengüsse nasse Füße,
Regentropfen hört man klopfen
an die Fenster wie Gespenster.

Regenschnecken in den Hecken,
Regenwinde in der Linde,
Regenwasser nass und nasser
werden Wälder Haus und Felder.

Regenbäume träumen Träume,
Regenlieder klingen wieder,
Regenfrauen dreh'n die Leier[1],
ringsum wehen Regenschleier.

Regentänze Katzenschwänze,
Regenwolken sind gemolken,
Regentonne kommt die Sonne?
Nein, von wegen! Dauerregen!

Gina Ruck-Pauquèt

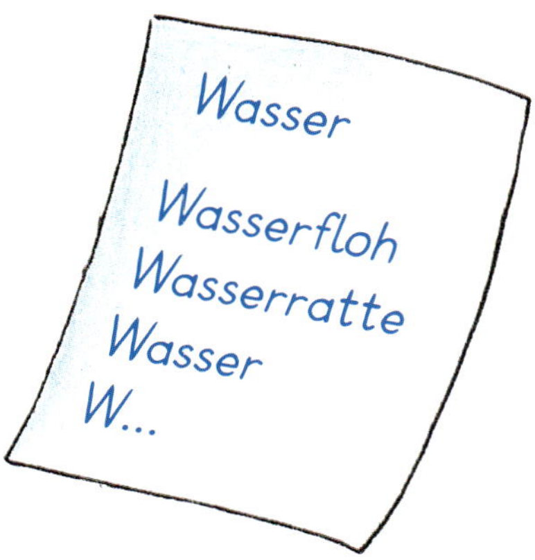

[1] Die Leier ist ein Musikinstrument, dessen Saiten gezupft werden.

Seite 149

Kleine und große Tiere

Franz Marc, Die weiße Katze, 1912 (Ausschnitt)

weiß
die Katze
sie schlummert sanft
rote und goldgelbe Kissen
pssst

Kathrin

Katze
sie kuschelt
sie hört Mäuse
sie schnurrt ganz leise
Katzenträume

Marie

Seite 149

Felix

Mein Kater heißt Felix.
Ich sehe ihn an:
Rücken und Hals sind gebogen,
Beine und Schwanz auch.
Das bedeutet: Felix ist zufrieden,
nichts stört ihn, er ist geborgen.
Aber er schläft auf Katzenweise,
nicht zu tief und nicht zu fest.
Seine Ohren sind gespitzt.
Auch im Schlaf hört er die Gefahr.
Manchmal öffnet er die Augen ein wenig.
Schnell prüft sein Blick, ob etwas geschieht.
Dann sind die Lider wieder geschlossen.

Heute morgen habe ich mit ihm gespielt.
Er lief dem Ball nach
und jagte ihn wie eine Maus.
Plötzlich war er verschwunden.
Ich habe ihn gesucht ...

Igelabenteuer

Unter einem dichten Busch hat die Igelmutter ein warmes Laubnest gebaut. Sieben kleine Igelkinder hat sie hier zur Welt gebracht. Zuerst sehen die Kleinen noch gar nicht wie Igel aus. Unter der Rückenhaut liegen die Stacheln verborgen.

Die Babys sind Winzlinge und können nicht hören und sehen. Die Igelmutter säugt die Kleinen mit fetter Igelmilch. Schon nach einer Woche sind ihnen Stacheln gewachsen.

Draußen ist es dunkel. Der kleine Igel ist schon ganz ungeduldig. Die Igelmutter wird ihn heute endlich auf einen Ausflug mitnehmen. Schon geht es los.

Mit seiner langen Rüsselschnauze schnüffelt der kleine Igel dicht über dem Boden. Er hat bereits seine Milchzähne und frisst mit riesengroßem Appetit.

Sieben Wochen sind vergangen,
seit der kleine Igel
auf die Welt kam.
Jetzt ist er alt genug,
selbst für sich zu sorgen.
Eines Nachts verlässt er das Nest.
Der kleine Igel weiß,
dass er tüchtig fressen muss,
damit er für den Winterschlaf
gerüstet ist.
Die Fettschicht, die er sich anfuttert,
ernährt und wärmt ihn dann,
während er schläft.

Es ist November geworden,
und der kleine Igel
hat sich ein dickes Fettpolster angefressen.
In einer Ecke des Gartens findet er
einen großen Reisighaufen, mit einer Menge Laub darunter.
Eine tolle Igelvilla!
Er kugelt sich im wärmenden Laub ein
und hält seinen Winterschlaf.

Ria Gersmeier / Sabine Dreyer-Engels

Seite 139

TIER-ALLERLEI

Wem tut kein Zahn weh?

Heut hatte Arbeit,
fast zu viel,
Tierzahnarzt Max Halifax.
Tiger, Zebra, Krokodil,
Bär, Hirsch, Frosch,
Kalb, Fuchs und Dachs,
Nilpferd, Pony,
Has und Reh
kamen an:
„Ein Zahn tut weh!"
So riefen sie und klagten sehr.
Einer hat gelogen. Wer???

Josef Guggenmos

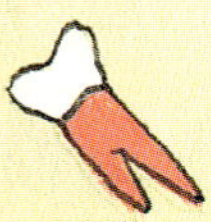

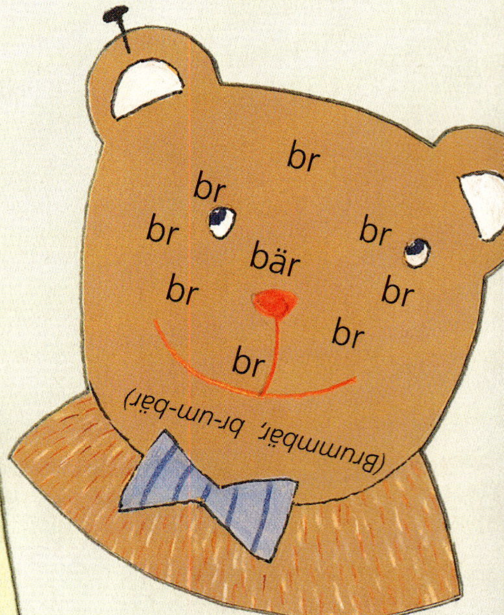

Ich gehe alle Tage aus und
bleibe doch in meinem Haus.

ekcenhcS

Möcht' wohl wissen, wer das ist,
der immer mit zwei Löffeln frisst.

esaH

Manchmal

An manchen Tagen
geht nichts zusammen:
Da bellt die Maus
Da kräht der Frosch
Da muht das Schwein
Da fiept der Hund
Da quakt der Hahn
Da quiekt das Huhn
Da zirpt die Ziege
Da meckert die Meise
Da gackert die Katze
Da zwitschert die Kuh

Jürgen Spohn

Pferd
Ente
Löwe
Rabe

schnattert
brüllt
krächzt
wiehert

Jaguar und Neinguar

Jaguar und Neinguar,
die trafen sich im Februar
(am Freitag, um halb sieben)
in einem alten Labyrinth.
Und wenn sie nicht gegangen sind,
dann sind sie dort geblieben!

Paul Maar

Seite 149

King-Kong, das Schulschwein

Jan-Arne hat ein Meerschweinchen. Das heißt King-Kong und ist total lieb. Aber eigentlich möchte Jan-Arne auch einen Hund haben, wie Michi. Mit einem Hund könnte man so viel machen!

… Abends in seinem Bett denkt Jan-Arne nach. Er hat King-Kongs Käfig geputzt und King-Kong gefüttert und mit ihm gespielt. Und dabei hat er die ganze Zeit überlegt, was bei Meerschweinchen besser ist als bei Hunden.

Aber das ist gar nicht so leicht. Er hat so fest überlegt, dass er kein einziges Mal an das Diktat morgen früh gedacht hat; und trotzdem ist ihm nichts eingefallen.

„Das kann doch wohl nicht sein, dass du so blöd bist, King-Kong“, murmelt Jan-Arne und zieht sich die Bettdecke bis ans Kinn. „Zu irgendwas musst du doch gut sein! Noch besser als Hunde!“ In seinem Käfig raschelt King-Kong im Heu. Als ob es ihm ganz egal ist, wie toll man ihn findet. Und da weiß Jan-Arne es plötzlich. Ganz plötzlich ist es ihm eingefallen und morgen wird er es Michi beweisen. „Schlaf schön, Schweinefrau“, murmelt Jan-Arne zufrieden. Eigentlich schläft er schon halb.

„Das ist aber lieb, dass du deinen Ranzen
mal wieder ordentlich aufräumst“,
sagt Mama am nächsten Morgen,
als sie ihren Kopf durch Jan-Arnes Zimmertür steckt.
Mindestens fünfmal hat sie schon gerufen,
dass er nun aber endlich mal
zum Frühstück kommen muss.

„Beeil dich mal ein bisschen, ja?
Sonst kommst du noch zu spät zur Schule.“
„Ich beeil mich ja schon“, sagt Jan-Arne
und sortiert auf dem Fußboden seine Hefte.
„Aber ich hab eben gerne ein bisschen Ordnung
in meinen Schulsachen“,
und er wirft das Butterbrotpapier
und ein Comic-Heft
und ungefähr fünf ziemlich zerbrochene Stifte
auf den Boden.
So ist im Ranzen gleich viel mehr Platz.
Und das ist ja schließlich auch nötig.
„Ja, prima, mein Schatz!“,
ruft Mama aus der Küche.
„Daran sieht man doch,
dass du älter und vernünftiger wirst!“

„Ja, ja, das sieht man daran wohl“,
denkt Jan-Arne zufrieden.
Aber vielleicht sieht man daran
auch ganz was anderes. ...

Als Jan-Arne und Michi zum Aufstellplatz kommen, stehen die meisten aus der Klasse schon da. „Warum trägst du denn deinen Ranzen so komisch?“, fragt Güler und guckt Jan-Arne neugierig an. „Hast du da deine Trinkflasche drin? Hast du Angst, dass die überschwappt?“

Jan-Arne setzt den Ranzen vorsichtig auf den Boden. „Nee, keine Flasche“, sagt er und räuspert sich. „Ich hab da nämlich nur – ich will mal was ausprobieren“, und er macht langsam die Ranzenklappe auf.

„Sein Schwein hat er da drin, Mensch!“, schreit Michi. „Seine Meerschweinchenfrau! Er will mal ausprobieren, ob in der Schule keiner was merkt!“ „Wozu denn das?“, fragt Güler. „Wozu soll das denn wohl gut sein?“ „Nur mal ausprobieren, ob das geht“, murmelt Jan-Arne. Dann holt er tief Luft. „Mit Hunden geht das nämlich nicht. Die kann man nicht heimlich mit in die Schule nehmen.“

Kirsten Boie

Seite 145

Magst du Meerschweinchen?

Meerschweinchen fressen Heu, Weizen und Hafer, Gemüse, Obst und Gras. In Zoogeschäften gibt es Fertigmischfutter für Meerschweinchen. Aber zusätzlich solltest du möglichst jeden Tag deinem Meerschweinchen Gemüse geben.

Meerschweinchen mögen die Gesellschaft anderer Meerschweinchen, aber natürlich auch deine, wenn du sie streichelst und ihnen Nähe und Wärme vermittelst.

Besonders gerne mögen es Meerschweinchen, wenn man sie mit einer weichen Bürste liebevoll kämmt oder mit den Fingern hinter den Ohren krault.

Renate Voigt

Seite 139

Tier–Abc

Amsel
Biene
Biber
Chamäleon
Drossel
Dachs
Affe
Ameise
Frosch
Hase
Eichhörnchen
Gürteltier
Igel
Ibis
Jaguar
Elch
Marabu
Leguan
Koalabär
Qualle
Otter
Nashorn
Pinguin
Uhu
Ratte
Schnabeltier
Tukan
Viper
Zebra
Yak
Waschbär

Unser Abc-Buch

Kinder einer Grundschule in Walsrode haben ein Abc-Buch gedruckt. Darin steht viel Verrücktes über Tiere.

Am Anfang aller Wörter steht immer der gleiche Buchstabe.

A – Alle Affen angeln Aale.

B – Bären bringen bunte Briefe.

C – Chamäleons cremen Clementinen.

D – Dinos donnern durch das Dorf.

E – Elefanten ernten …

F – …

Auf einem Abc-Fest können die „verrückten" Sätze vorgetragen werden.
Wie könnte man die Sätze spielen?
Überlegt euch Gegenstände und eine Verkleidung zum Spielen.

Weihnachtszeit

Paul Klee, Schellen[1]-Engel, 1939

Der Schellen-Engel fliegt zu einem Kind.
Jede Nacht fliegt er zu dem Kind.
Er war gestern Nacht auch da.
Das Kind hat ihn gern.

Esra

OVAJ ANĐEO JE KRENUO
PREMA MOJOJ DOMOVINI. ALI
NA ŽALOST IDE PJEŠICE...

Dieser Engel ist unterwegs
in mein Vaterland, leider
geht er zu Fuß ...

Amela
aus Bosnien-Herzegowina

[1] Schellen sind Glocken.

Seite 155

An Dezembertagen

An Dezembertagen
kann es sein,
dass es abends freundlich klopft,
dass Besuch kommt,
unverhofft,
dass dir jemand Himmelstorte backt
und die dicksten Nüsse knackt,
dass er dir ein Lied mitbringt
und von seinen Träumen singt.

An Dezembertagen
kann es sein,
dass Menschen plötzlich Flügel tragen
und nach Herzenswünschen fragen.
Riesen werden sanft und klein,
laden alle Zwerge ein.

Dezember
müsst es immer sein!

Anne Steinwart

Seite 147

Am Nikolausabend

Gestern Abend
etwa um acht,
da lag ich im Bett
und hab mir gedacht:
Heut schlafe ich nicht,
zieh' lieber die Bettdecke
vor das Gesicht –
und blinzelte vorsichtig
durch einen Schlitz.

Ich war schon ganz hibbelig,
so richtig kribbelig
vom langen Warten.

Da geht auf einmal die Türe auf,
und herein kommt verstohlen,
auf leisen Sohlen
jemand geschlichen,
legt auf den Teller was drauf,
husch, husch,
und ist schon entwichen.

Alles war dunkel im Zimmer,
kein bisschen Schimmer,
kein Lampenschein
drang herein.

Ich guckte mir fast die Augen aus.
War er's nun wirklich,
der Nikolaus?

Verflixt!
Jetzt weiß ich ein ganzes Jahr
wieder nicht,
ob das der Nikolaus war.

Ortfried Pörsel

Seite 143 Seite 153 Seite 155

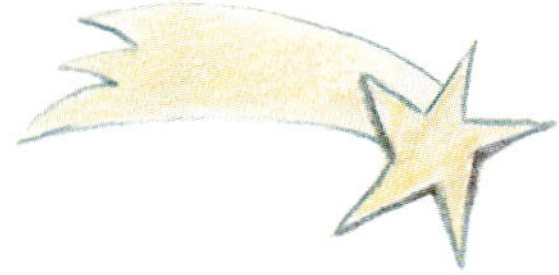

Weihnachten im Stall

An einem Abend vor langer Zeit,
da kamen ein Mann und eine Frau
in der Dunkelheit ihres Weges daher.
Sie waren weit gewandert und waren müde,
jetzt wollten sie schlafen, wussten aber nicht, wo.
Da fanden die Wanderer am Weg einen Stall.

Im Stall waren Tiere. Sie schliefen schon,
doch als sie die Tür knarren hörten,
erwachten sie und sahen die Wanderer eintreten.
Warum die Frau zu so später Stunde
in ihren Stall gekommen war, das wussten die Tiere nicht.
Vielleicht spürten sie trotzdem, dass die Frau fror.
Denn als die Frau sich zum Schlafen
auf das Stroh niederlegte,
scharten sie sich um sie und wärmten sie.

Als die Nacht aber am dunkelsten war,
da erklang in der Stille
der erste Schrei eines neugeborenen Kindes.
Und zur selben Stunde flammten
am Himmel alle Sterne auf.
Ein Stern war größer und heller als die übrigen.
Genau über dem Stall stand er
und leuchtete mit klarem Schein.

Nun waren in dieser Nacht Hirten auf den Feldern.
Sie wollten ein paar Schafe heimholen,
die noch draußen waren.

Seite 141

Und die Hirten sahen den Stern über dem Stall,
sie sahen den ganzen Himmel im Licht erstrahlen.
„Warum leuchtet ein Stern über unserem Stall?“,
fragten die Hirten einander.

„Kommt“, sagten sie, „lasst uns gehen und sehen,
was sich zugetragen hat.“
Und im Stall fanden sie ein neugeborenes Kind,
das lag in den Armen seiner Mutter.

Das Kind musste schlafen,
doch gab es weder Wiege noch Bett.
Nur die Krippe gab es im Stall.
Da hinein bettete die Mutter ihr Kind.
Das Kind schlief in der Krippe;
ringsum standen stumm die Tiere und die Hirten.
Alles war ganz still.

Und über dem alten Stall leuchtete der Weihnachtsstern.
Denn als dies geschah, war es Weihnachten.
Ein Weihnachten vor langer Zeit,
das allererste Weihnachten.

Astrid Lindgren

Weihnachten in anderen Ländern

Weihnachten wird in vielen Ländern gefeiert.
Die Menschen freuen sich
über die Geburt von Jesus.
Sie singen und machen Geschenke.
Sie kochen und backen tolle Leckereien.
Aber in jedem Land wird Weihnachten
ein bisschen anders gefeiert.

Stefano aus Italien:

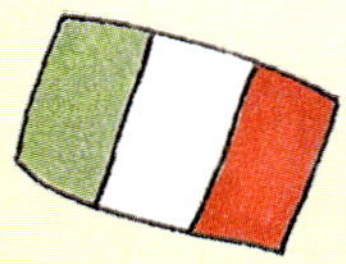

Wir bauen zu Natale (Weihnachten)
eine Krippe mit vielen Figuren auf.
Das Jesuskind nennen wir
Bambino Gesú oder Bambinello.
Wir bekommen unsere Geschenke am 6. Januar,
dem Tag der Heiligen Drei Könige.
Die Geschenke bringt uns
die gute Hexe La Befana.
Sie fliegt von Dach zu Dach.
Nur die braven Kinder bekommen Süßigkeiten.
Den anderen Kindern bringt sie schwarze Kohlen.

Stefano wünscht: „Buon Natale!“

Maria aus Polen:

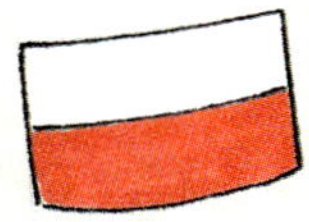

Am 24. Dezember fasten wir.
Erst am Abend gibt es etwas zu essen.
Dann wird der Tisch schön geschmückt.
Es wird immer ein Teller mehr auf den Tisch gestellt.
Der Teller ist für einen unerwarteten Gast.
Zuerst lesen wir die Weihnachtsgeschichte und beten.
Dann beginnt das Festessen.

Maria wünscht: „Wesółych Świąt!“
(So wird es gesprochen: Wesolich Schwiont)

Konstantin aus Griechenland:

Am Heiligen Abend gehen wir Kinder von Haus zu Haus.
Wir singen Weihnachtslieder
und die Leute schenken uns süßes Gebäck.
Das nennen wir Kalanda.
Wir bekommen die Geschenke am 1. Januar.
Das ist der Tag des Heiligen Vassilius.
Er hat armen Menschen geholfen.
Wir essen zusammen einen Kuchen, den Vassilopitta.
Im Kuchen ist ein Geldstück versteckt.
Wer es findet, hat im neuen Jahr viel Glück.

Konstantin wünscht: „Καλα Χριστούγεννα!“
(So wird es gesprochen: Kalla Kristujena)

Seite 139

Wenn es Winter wird

Gabriele Münter, Frühstück der Vögel, 1934

Schneekristall

Ein Schneekristall lag
mir auf der Hand, ewig schön,
eine Sekunde.

Josef Guggenmos

Spuren von winzigen Zehen

Was ist da im Schnee zu sehen?
Spuren von winzigen Zehen.

Eine kleine Maus –
hier kam sie heraus!
Verschwunden ist sie, husch,
in jenem Loch vor dem Haselbusch.

Zwischen den Tritten
fein
ein Strich.
Was kann's sein?
Da zog es das Schwänzlein
hinter sich drein.

Josef Guggenmos

Seite 143 Seite 155 Seite 157

Das Gewicht der Schneeflocke

„Es schneit“, sagte der Wolf.
„Was du nicht sagst, Gevatter[1]“, brummte der Bär.
„Mehr als tausend Schneeflocken“, sagte der Fuchs,
„aber auf meinem Pelz spüre ich sie überhaupt nicht!“
„Sie schmelzen auf meiner Hasennase“, sagte der Hase,
und dann fügte er nachdenklich hinzu:
„Man spürt sie nicht. Doch sie haben ein Gewicht!“
„Eine Schneeflocke wiegt weniger als nichts“, knurrte der Wolf.
„Und sie hat keine Kraft“, brummte der Bär.
„Aber sie wiegt doch etwas und sie hat auch Kraft“,
sagte der Hase.

Die Tiere gerieten in Streit,
ob die Schneeflocke etwas wiegt oder nicht.
„Wir wollen die Schneeflocken zählen,
die da auf den alten, dicken Ast fallen“, sagte der Hase.
„Da wird man sehen, ob die Schneeflocke Gewicht hat.“
Der Bär und der Wolf lachten so laut,
dass es durch den ganzen Wald schallte.
Aber weil sie gerade nichts Besseres zu tun hatten,
zählten sie mit:
„Eins … zwei … drei … vier … fünf … sechs … sieben …“
Als sie bei zwei**tausend**acht**hundert**sieben**und**sechzig
angekommen waren, machte es plötzlich krach,
und der dicke mächtige Ast brach ab.
„Der Hase hat Recht“, knurrte der Wolf,
und sogar der Bär wunderte sich
über die Kraft der Schneeflocken.

Fredrik Vahle

[1] Ein Gevatter ist ein Freund.

Seite 145

Eistaucher aus dem Gefrierfach

Diese kleinen Figuren sind aus Nägeln, Schrauben, Korkenstücken, Draht und Holzperlen zusammengesteckt. Mit einem Trick und etwas Geduld kannst du den Männchen das Tauchen beibringen.

Stelle deine Figuren in die Fächer
eines Eiswürfelbehälters,
und fülle vorsichtig Wasser ein.
Lass alles im Eisfach gefrieren,
und gib die Würfel dann
in ein Gefäß mit Wasser.

Eis ist leichter als Wasser
und schwimmt normalerweise
an der Wasseroberfläche.
Ist in einem Eiswürfel aber
etwas Schweres eingeschlossen,
zum Beispiel eine Schraube,
so sinkt der Eiswürfel nach unten.
Leichter werden die Männchen,
wenn du ein Stück Kork nimmst.

Hermann Krekeler / Marlies Rieper-Bastian

Seite 139

Frosch im Winter

Als Frosch eines Morgens aufwachte, merkte er sofort, dass etwas nicht stimmte. Er ging zum Fenster und staunte: Alles war vollkommen weiß.

Da kam Ente angefahren. „Kommst du mit Schlittschuhlaufen?“ „Nein, mich friert“, antwortete Frosch. „Aber das Schlittschuh laufen wird dir Spaß machen“, sagte Ente. „Ich zeige es dir.“ Sie schob ihn an, und er glitt schnell über das Eis.

Allerdings nicht lange. Dann fiel er hin. „Na, macht es dir nicht Spaß?“, sagte Ente. „Du hast ein warmes Federkleid, aber ich bin nur ein nackter Frosch,“ sagte er.

Dann kam Schwein vorbei mit einem Korb voller Brennholz auf dem Rücken. „Frierst du nicht, Schwein?“, fragte Frosch. „Nein, ich genieße diese frische, gesunde Luft.“ „Du hast eine schöne Schicht Fett, die dich warm hält. Was habe ich?“

„Eins, zwei! Eins, zwei!“
Hase kam gerannt.
Er joggte im Schnee.
„Warum machst du nicht mit, Frosch?“
„Mich friert“, sagte Frosch.
„Du hast ein warmes Fell,
aber ich habe gar nichts.“

Traurig ging er nach Hause.
Er ging und ging, bis er sich verirrte.
Erschöpft legte er sich in den Schnee.
Ein armer, nackter Frosch. Und so fanden ihn seine Freunde.
„Mich friert“, flüsterte Frosch. „Es wird schon wieder“, sagte Hase,
und vorsichtig trugen sie ihn nach Hause und legten ihn ins Bett.

An den Abenden
saßen sie beieinander,
und Hase las ihnen
wunderbare Geschichten von
Frühling und Sommer vor.
Schwein strickte Frosch
einen warmen Pullover
in zwei Farben.

Der Winter ist wunderbar,
wenn du ihn im Bett verbringen kannst!

Max Velthuijs

Seite 145 Seite 161 Seite 165

Fasching!
Fastnacht!
Karneval!

„Wir haben uns alle
als Clowns verkleidet
und laufen beim Umzug
am Rosenmontag mit.
Wir haben viele Bonbons dabei.
Die Bonbons werfen wir
den Kindern am Straßenrand zu.
Das macht großen Spaß!"

Lars aus Köln

„Der G'schell-Narr trägt
viele schwere Glocken
oder Schellen
an seinem Kostüm.
Immer wenn der G'schell-Narr
hüpft und springt,
klingen sie wie ein
lautes Glockenspiel.
So ein Kostüm
möchte ich auch mal tragen!"

Anna aus Rottweil

Seite 139

Seite 155

Narren feiern überall!

Mit Masken und Kostümen
feiern die Menschen Fasching.
In manchen Gebieten in Deutschland
sagt man dazu auch Fastnacht oder Karneval.

Die Menschen wollen den kalten Winter vertreiben,
damit der Frühling kommen kann.
Früher glaubten die Menschen,
dass im dunklen Winter böse Geister herumspuken.
Sie wollten die bösen Geister
mit ihren Masken erschrecken und verjagen.

Die Menschen feiern auch
Karneval, Fasching oder Fastnacht,
weil danach die Fastenzeit vor Ostern beginnt.

Wer ein richtiger Narr oder Jeck sein will,
verkleidet sich und geht zu einem Umzug
oder zu einem Narren-Treffen.
Die Jecken und Narren tanzen und singen.
Sie grüßen sich mit Sprüchen wie:

Alaaf! Helau!
Narri, Narro!

Am Aschermittwoch
ist alles vorbei –
bis zum nächsten Jahr!

Seltsam und erstaunlich

Jean Tinguely, Baluba III, 1961

Stell dir vor,
du drückst auf den Knopf,
der kleine Motor springt an
und die Maschine ...

Der Künstler Jean Tinguely
hat diesen Apparat „Baluba“ genannt.
Er hat ihn aus alten, gefundenen Dingen gebaut.
Jean Tinguely hat sich sehr viele Maschinen ausgedacht:
kleine und große, laute und leise,
Maschinen, die schaukeln und wackeln können.
Mit diesen Maschinen kann man nichts herstellen.
Sie haben eigentlich keinen Zweck – außer:
sie machen Spaß.

Die Geschichte von der Dreh-Hops-Wipp-Tute-Maschine

Einmal haben die Leute den Keller aufgeräumt,
und sie haben lauter Sachen in den Hof gestellt:
eine alte Matratze und ein krummes Fahrrad
und ein langes Brett und ein rostiges Ofenrohr
und noch viele solcher alten Sachen.

Die Kinder haben gesagt: „Wir bauen uns
aus den Sachen eine verrückte Maschine!“

Sie haben die Matratze auf die Erde gelegt,
und dann sind sie darauf herumgehopst.
Jetzt haben sie eine Hops-Maschine.

Dann haben die Kinder das Fahrrad umgedreht.
Sie haben es neben die Matratze gestellt,
und sie sind gehopst
und haben an den Rädern vom Fahrrad gedreht.
Jetzt hatten sie eine Dreh-Hops-Maschine.

Dann haben sie das Brett über die Matratze gelegt.
Mit dem Brett konnten sie wippen.
Jetzt hatten sie eine Dreh-Hops-Wipp-Maschine.

Dann haben sie das Ofenrohr geholt.
Sie haben laut durch das Ofenrohr getutet,
und jetzt hatten sie eine
Dreh-Hops-Wipp-Tute-Maschine!

Ursula Wölfel

Seite 141 Seite 157 Seite 159

Der verdrehte Schmetterling

Ein Metterschling
mit flauen Blügeln
log durch die Fluft.

Er war einem Computer entnommen,
dem war was durcheinander gekommen:
irgendein Drähtchen,
irgendein Rädchen,
und als man es merkte,
da war's schon zu spätchen.

Da war der Metterschling
schon feit wort,
wanz geit.
Mir lut er Teid.

Mira Lobe

Seite 153

Wirbelwörter

Johannes Borer

Kopfhörer – Topfhörer

Turmuhr – Turmohr

Raubtier – Laubtier

Seite 153 Seite 155

Im Lande der Zwerge

So ist es im Lande der Zwerge:
Ameisenhaufen sind die Berge.
Das Sandkorn ist ein Felsenstück.
Der Seidenfaden ist ein Strick.
Die Nadel ist da eine Stange.
Ein Würmlein ist da eine Schlange.
Als Elefant gilt da die Maus.
Der Fingerhut ist da ein Haus.
Die Fenster sind wie Nadelöhre.
Ein Glas voll Wasser wird zum Meere.
Der dickste Mann ist dünn wie Haar.
Der Augenblick ist da ein Jahr.

Volksgut

Im Lande der Riesen

So ist es im Lande der Riesen:
Berge sind die Ameisenhaufen.
Ein Felsenstück ist ein ...
Als Maus gilt da ...

Seite 149 Seite 155

Wenn Buchstaben verschwinden

Wenn es das A nicht gibt,

ist jede Taube eine Tube.

Wenn es das N nicht gibt,

ist jeder Knopf ein Kopf.

Wenn es das S nicht gibt,

ist die Kirsche eine Kirche.

Wenn es X, Y und Z nicht gibt,

haben Xaver, Yvonne
und Zenzi blöde Namen.

Anke Kuhl / Martin Schmitz

Seite 153 Seite 155

Die sonderbare Stadt Tempone

Kennt ihr schon die Stadt Tempone,
wo Prinz Rückwärts residiert[1]?
Es ist seltsam und erstaunlich,
was tagtäglich dort passiert!

Nachts holt man sich dort zum Frühstück
frische Semmeln[2] aus dem Mund,
legt sie fein auf einen Teller,
und dann gibt man sie dem Hund.

Bücher liest man dort vom Ende
bis zum Anfang mit Genuss.
Und dann bringt man sie dem Händler,
der das Buch bezahlen muss.

Bäume fallen dort vom Himmel
bei besonders starkem Wind
und sie werden immer kleiner,
bis sie nur noch Samen sind.

Beim Gewitter springen Blitze
von der Erde in die Höh'.
Und bei Regen ziehn die Wolken
dicke Tropfen aus dem See.

Kinder, die geboren werden,
sind gewöhnlich siebzig Jahr,
haben schlechte, braune Zähne
und natürlich graues Haar.

Doch sie werden täglich jünger:
sechzig, fünfzig, vierzig Jahr!
So verlernen sie allmählich
all ihr Können ganz und gar.

Auch ein Schulhaus soll es geben.
Das ist seltsam wie sonst keins.
Für die größten Albernheiten
kriegt ein Kind dort eine Eins.

James Krüss

[1] Hier wohnt der Prinz.
[2] Semmeln sind Brötchen.

Seite 141 Seite 149

Der Frühling erwacht

Vincent van Gogh, Blühende Zweige eines Mandelbaumes, 1890 (Ausschnitt)

Leise zieht durch mein Gemüt

Leise zieht durch mein Gemüt
liebliches Geläute.
Klinge, kleines Frühlingslied,
kling hinaus ins Weite.

Kling hinaus bis an das Haus,
wo die Blumen sprießen.
Wenn du eine Rose schaust,
sag, ich lass' sie grüßen.

Heinrich Heine

Seite 147 Seite 157

Frühling

Eines Morgens
ist der Frühling da.
Die Mutter sagt,
sie riecht ihn in der Luft.

Pit sieht den Frühling.
An den Sträuchern im Garten
sind hellgrüne Tupfen.

Anja hört den Frühling.
Neben ihr, auf dem Dach,
singen die Vögel.

Unten vor dem Haus
steigt Vater in sein Auto.
Er fühlt den Frühling.
Die Sonne scheint warm
auf sein Gesicht.

Aber schmecken
kann man den Frühling
noch nicht.
Bis die Erdbeeren reif sind,
dauert es noch lange.

Christine Nöstlinger

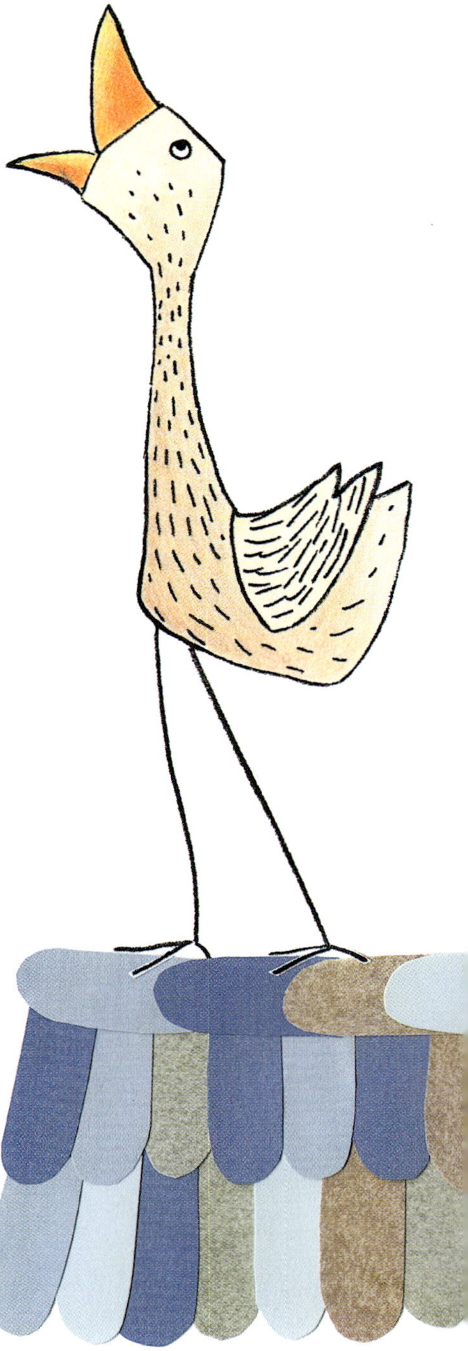

Seite 147 Seite 149

Osterzeit

Wenn Ostern ist, ist die Zeit des Winters vorbei.
Ostern ist immer nach dem ersten Vollmond
nach Frühlingsanfang an einem Sonntag.
Der Osterhase und das Osterei
sind ganz wichtig für Ostern.
Das Osterei ist in vielen Ländern
ein Zeichen für neues Leben.
Vor Ostern werden die Eier bunt gefärbt.

Eine Woche vor Ostern ist Palmsonntag.
Da tragen die Kinder Palmbüsche.
Die Palmbüsche werden aus Buchszweigen,
Palmkätzchen und Immergrün gebunden.
Der Palmbusch wird zur Kirche getragen
und geweiht.

Die Kinder basteln kleine Osternester aus Moos.
Das Moos wird einen Tag vorher
aus dem Wald geholt.
In die Osternester legen sie ihre Ostereier.

In der Osterzeit werden Blütenzweige
in eine Vase gestellt
und mit Ostereiern geschmückt.

Seite 139

Der Dieb in der Osternacht

Bei Ramekens prasselt das Osterfeuer,
wie jedes Jahr in der Osternacht.
Es wird gegessen, getrunken und erzählt.
Alle sind fröhlich. Nur einer ist sauer:
Schnipsel, der Dackel.
Er muss allein zu Hause bleiben!
Und warum? Nur weil Kümmel,
der Hund von Nr. 19,
vor zwei Jahren beim Osterfeuer
die Grillwürste aufgefressen hat!

Auf einmal macht es draußen im Garten „wuff“.
Schnipsel spitzt die Ohren.
Das war doch Bonzos Stimme!
Schnipsel schlüpft durch den Spalt
in der Terrassentür und läuft in den Garten.

Tatsächlich, da ist Bonzo. Und Kümmel und Bulli sind auch dabei. „Was wollt ihr denn hier? Und wie seht ihr aus?“, fragt Schnipsel überrascht. Bulli hat eine Polizistenmütze auf und um seinen Hals eine Trillerpfeife. „Wir spielen Hundepolizei!“, sagt Bonzo.

„Ich mach’ mit!“, sagt Schnipsel, und schon ist er durch die Lücke im Zaun geschlüpft. Eine ganze Weile treiben sich die vier schnuppernd und schnüffelnd herum.

Plötzlich flüstert Bonzo aufgeregt: „Pst! Stehen bleiben! Eine verdächtige Gestalt hinterm Fliederbusch!“ Alle vier halten die Luft an. Da huscht tatsächlich ein Schatten durch den Garten zu Schnipsels Terrassentür! „Ein Dieb! Ein Einbrecher!“ Bulli hechelt vor Jagdlust. „In unserem Haus!“, japst Schnipsel. „Zu viert werden wir ihn fangen“, sagt Kümmel zuversichtlich. „Ein schlimmer Bursche. Hat einen Sack oder so was auf dem Rücken!

Da will er bestimmt die Beute reintun!“, knurrt Bonzo. „Los, Freunde! Mir nach!“

Auf leisen Pfoten schleichen die Hunde im Schatten der Bäume zum Haus. Geduckt zwängen sie sich durch den Spalt in der Terrassentür.

Kümmel entdeckt den Eindringling zuerst. „Pfoten hoch!“, ruft er und lässt die Taschenlampe aufblitzen. Zitternd und mit hoch erhobenen Pfoten steht ein Hase neben der alten Wanduhr. „Aber … aber … ich bin doch der Osterhase!“, behauptet er. „Ich lach’ mich tot!“, sagt Bulli. „Wer glaubt schon an den Osterhasen?“

Ursel Scheffler

Seite 145

Schnaddel di daddel

Schnaddel di daddel di duddel di **daum**
Am Bach auf der Wiese, da steht ein **Baum.**

Schnaddel di daddel di duddel di **donne**
Jetzt ist es Frühling und warm scheint die **S…** **o n n e**

Schnaddel di daddel di duddel di **dast**
Blätter und Zweige wachsen am **…** **s A t**

Schnaddel di daddel di duddel di **dogel**
Auf den Baum setzt sich eines Morgens ein **…**

Schnaddel di daddel di duddel di **dest**
Im Baumwipfel baut sich der Vogel ein **…**

Schnaddel di daddel di duddel di **deier**
Ins Nest legt der Vogel drei kleine **…**

Schnaddel di daddel di duddel di **dabel**
Bald schlüpfen die Jungen und öffnen den **...**

Schnaddel di daddel di duddel di **datze**
Eines Abends schleicht über die Wiese 'ne **...**

Schnaddel di daddel di duddel di **damm**
Um die Küken zu fressen, erklimmt sie den **...**

Schnaddel di daddel di duddel di **deige**
Ganz kräftig schüttelt der Baum seine **...**

Schnaddel di daddel di duddel di **diese**
Erschreckt springt die Katze zurück auf die **...**

Schnaddel di daddel di duddel di **dach**
Die Katze flüchtet schnell über den **...**

Schnaddel di daddel di duddel di **daum**
„Dankeschön" piepst es ganz hoch aus dem **...**

KNISTER

Seite 149

Die Tulpe

Dunkel
war alles und Nacht.
In der Erde tief
die Zwiebel schlief,
die braune.

Was ist das für ein Gemunkel,
was ist das für ein Geraune,
dachte die Zwiebel,
plötzlich erwacht.
Was singen die Vögel da droben
und jauchzen und toben?

Von Neugier gepackt,
hat die Zwiebel einen langen Hals gemacht
und um sich geblickt
mit einem hübschen Tulpengesicht.

Da hat ihr der Frühling
entgegengelacht.

Josef Guggenmos

Seite 157 Seite 159

Tulpen am Fenster

1. Aus einem Quadrat 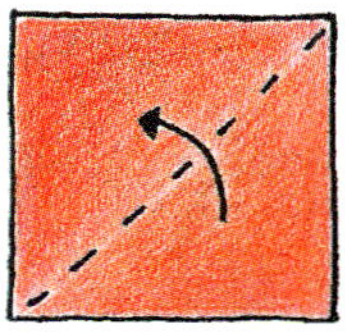 ein Dreieck 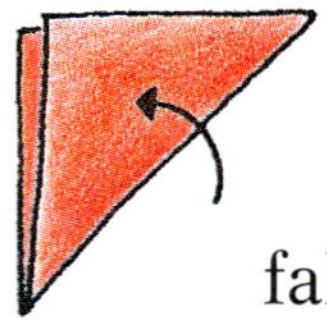 falten.

2. Aus dem Dreieck 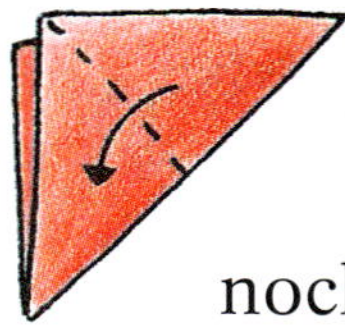 noch ein Dreieck 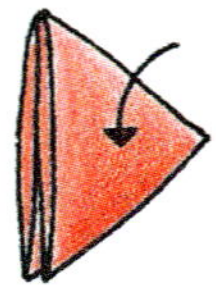 falten.

   Danach wieder aufklappen. 

3. Aus dem großen Dreieck 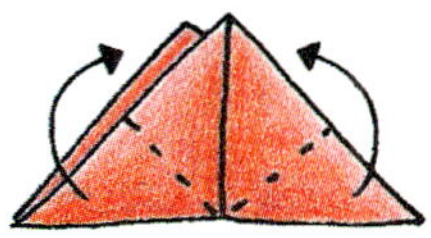

   eine Tulpe  falten.

4. Stängel  und Blätter  schneiden und alles

   zusammenkleben.

5. Tulpen mit Klebestreifen  ans Fenster kleben.

Kinder aus aller Welt

Merve

Ich und meine Sprachen

Türkisch ist bei mir im Herz,
weil das ist meine Muttersprache.
Im Kopf ist auch Türkisch.
Mein Bauch ist Italienisch,
weil ich gerne Spagetti esse.
Meine Beine sind Deutsch,
weil ich in Deutschland wohne.
Meine Arme sind Englisch,
weil ich später im Beruf
Englisch sprechen will.
Merve

Abzählreime aus aller Welt

Amerika

Eenie meenie miny moe,
catch a tiger by the toe,
if he hollers, let him go,
eenie meenie miny moe.

So heißt es auf Deutsch:
Ene mene me,
pack den Tiger bei dem Zeh,
wenn er brüllt, lass ihn gehen,
ene mene me.

So wird es gesprochen:
Ini mini meini mo,
kätsch ä teiger bei se to,
if hi hollers, let him go,
ini mini meini mo.

So heißt es auf Deutsch:
Donald Duck geht vorbei
mit der Pfeife im Mund.
Wehe dem, der sie berührt!
Du hast sie berührt!
Ausgerechnet du!

Italien

Passa paperino
con la pipa in bocca.
Guai a chi la tocca!
L'hai toccata!
Proprio tu!

So wird es geprochen:
Passa paperino
kon la pipa in bocka.
Guai a ki la tocka!
Lai tockata!
Proprio tu!

Was Kinder aus aller Welt spielen

Sand-Malerei

Überall auf der Welt,
wo es viel Sand gibt,
malen die Kinder gerne
Figuren in den Sand.

In dem Land Jemen gibt es
viele Wüsten und viel Sand.
Hier malen die Kinder
das Siegel Mohammeds in den Sand.

Die Kinder nehmen einen Stock
oder ihren Finger.
Sie müssen die Figur
mit einer einzigen Linie malen.
Sie dürfen die Linie nicht unterbrechen
oder doppelt zeichnen.

Schnurr-Katze

Die Kinder aus Ghana in Afrika
basteln sich ihr Spielzeug selbst.

Sie bauen aus einem Kronkorken
und einem Faden eine Schnurr-Katze.

Die Kinder schlagen mit einem Hammer
und einem Nagel zwei Löcher
in einen Kronkorken.
Sie ziehen den Faden durch die Löcher.
Der Faden wird zusammengeknotet.

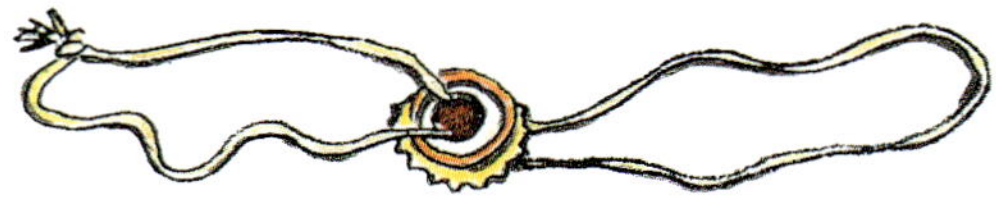

Die Kinder halten den Faden mit beiden Händen fest
und schleudern den Kronkorken in der Mitte,
so dass sich der Faden dreht.

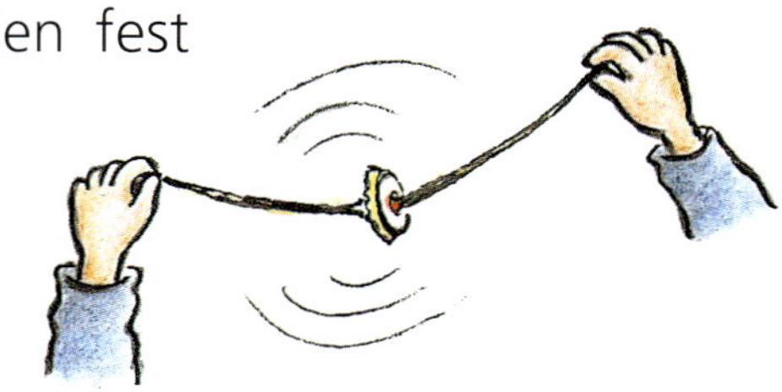

Dann ziehen die Kinder
mit beiden Händen an dem Faden
und lassen ihn wieder locker.
Jetzt dreht sich
der Kronkorken ganz schnell
und macht ein Geräusch
wie eine Katze beim Schnurren.

nach Matthias Mala

Das türkische Zuckerfest

Liebe Miriam,

ich bin gerade zu Besuch bei meinen Großeltern
in der Türkei.
Seit gestern feiern wir das Zuckerfest.
Es dauert drei Tage.
Wir Kinder freuen uns schon lange darauf,
weil jetzt der Fastenmonat Ramadan vorbei ist.

Zum Zuckerfest gibt es
für alle Kinder viele Süßigkeiten.
Wir besuchen Verwandte und Freunde.
Oft essen wir dann Helva.

Deine Ayla

Wenn ihr wollt, könnt ihr auch
die türkische Süßspeise Helva kochen.

Helva

Zutaten:

ein halbes Paket Butter,
eine Tasse Mehl,
drei Tassen Wasser,
zwei Tassen Zucker,
etwas Zimt,
einige Pistazienkerne

Zubereitung:

1. Erwärme zuerst das Wasser.
   Löse darin den Zucker unter Rühren auf.
   Stell danach den Topf zur Seite.
2. Gib einen Löffel von der Butter in die Pfanne
   und röste darin die Pistazienkerne.
3. Füge das Mehl hinzu und rühre es eine Weile um.
   Dabei soll es braun werden.
4. Gib nun die restliche Butter in die Pfanne
   und lass sie schmelzen.
5. Gieße nach und nach das Zuckerwasser hinzu.
   Verrühre das Ganze
   und lass es bei schwacher Hitze zugedeckt köcheln.
6. Hebe nach 10 Minuten den Deckel ab
   und rühre noch einmal kräftig um.
7. Dann schaltest du den Herd aus
   und lässt den Brei noch 5 Minuten
   auf der heißen Platte stehen.
8. Gib das fertige Helva in Schalen,
   bestreu es mit Zimt
   und verzier es mit Pistazienkernen.
   Es wird lauwarm gegessen.

Alisetti aus Tansania

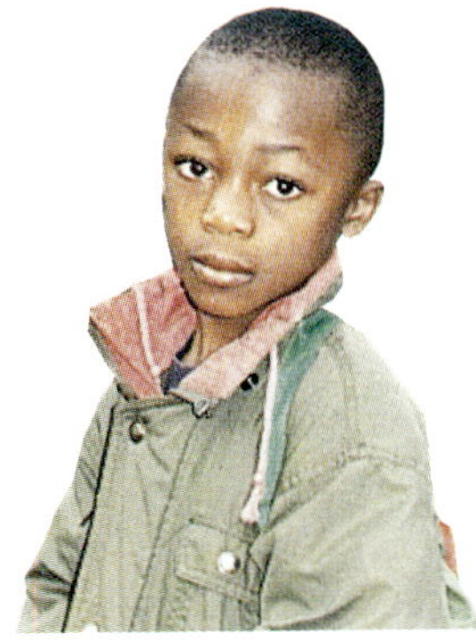

Jina langu ni Alisetti. –
Mein Name ist Alisetti.
Ich lebe in Tansania.
Tansania ist ein Land in Afrika.

Ich gehe zur Schule
und helfe meinen Eltern auf dem Feld.
Mit meinen Freunden und Freundinnen spiele,
singe, lache und tanze ich.

Ich habe viele Geschwister.
In anderen Familien ist das auch so.
Manchmal sind es sechs, acht oder auch zehn Kinder.
Die spielen überall im Haus und im Garten.

Jede Schule hat eine Schulfarm.
Gemeinsam bauen wir dort
Mais, Süßkartoffeln, Bananen und Kohl an.
Wir besitzen auch eine Kuh und halten Hühner.

Eier, Milch, Zwiebeln und Mais verkaufen wir
und verdienen dadurch Geld
für Bücher, Schulhefte und Landkarten.

So wie es bei dir das Fach Deutsch gibt,
gibt es in unserer Schule das Fach Kisuaheli.
Es ist die Sprache in meinem Land in Tansania.
Wir lernen auch, wie man sich höflich benimmt.
Wenn du zum Beispiel jemanden besuchen möchtest,
ist es unhöflich,
einfach durch das Fenster der Hütte zu schauen.

Aus einigen Metern Entfernung ruft man:

Hodi? – Darf ich näher kommen?
Karibu! – Komm näher!
Jambo! – Guten Tag!
Jambo sana! – Sehr guten Tag!
Habari? – Wie geht es dir?
Nzuri! – Gut!

Ursula Krebs

Seite 139

Vom Zarengeneral[1] und vom klugen Bauern

Es war einmal ein Bauer, der fand einen Batzen Gold.
Da dachte er: „Wohin soll ich damit?
Behalte ich es, so nimmt mein Herr es mir weg,
und wenn er es nicht nimmt,
so nimmt es der Dorfälteste.
Da will ich das Gold lieber dem Zaren bringen.
Der Zar wird mich sicher belohnen,
den Zarenlohn aber nimmt mir keiner weg."
Der Bauer zog sich neue Bastschuhe an
und ging zum Zaren.
Als er vor das Zarenschloss kam,
stand da vor dem Tor ein General.
Der General sprach:
„Du Bauernlümmel, was willst du hier?"
„Ich habe einen Batzen Gold gefunden,
den wollte ich dem Zaren schenken."
Die Augen des Generals begannen zu leuchten.
„Nun", sprach er,
„gib mir die Hälfte von dem, was der Zar dir gibt,
so lass ich dich durch.
Willst du das nicht tun, dann troll dich."
„Es ist gut, Herr, ich gebe dir die Hälfte."
Der General meldete den Bauern dem Zaren
und der Zar trat heraus.
„Nun, Bäuerlein, was begehrst du?"
„Gar nichts, Väterchen Zar,
ich hab euch nur ein Geschenk gebracht."

[1] Ein Zar ist so etwas Ähnliches wie ein König.

Und er überreichte ihm das Gold.
„Was soll ich dir dafür geben, Bäuerlein?"
„Väterchen Zar, gebt mir hundert Stockhiebe[2]."
„Wie denn – hundert Stockhiebe?
Du hast mir doch Gold gebracht!"
„Ich will weiter keinen Lohn,
gebt mir hundert Stockhiebe."
Daraufhin brachte man die Stöcke.
Da rief der Bauer: „Als ich zu Euch kam,
wollte mich der General am Tor nicht durchlassen.
Er sagte zu mir: Gib mir die Hälfte von dem,
was der Zar dir gibt, so lass ich dich durch.
So gebt also erst dem General fünfzig Stockhiebe
und dann mir."
Man brachte den General herbei.
Er zitterte. „O-o-o-o Eure Ma-Ma-Ma-Majestät …"
„Keine Bange", sagte der Bauer.
„Ich werde dich nicht betrügen, Herr,
du kriegst deinen Teil voll und ganz."
Da legte man den General hin
und verprügelte ihn – aber wie!
Der Bauer aber sagte:
„Väterchen Zar, er dient euch gut und redlich,
man sollte ihn belohnen.
Gebt ihm auch meine Hälfte!"
So bekam der General nochmals fünfzig Stockhiebe.
Der Bauer aber ergriff seine Mütze und lief davon.

[2] Stockhiebe sind Schläge mit einem Stock.

Seite 141 Seite 145 Seite 161

Was der Sommer alles macht

Vincent van Gogh, Sämann bei untergehender Sonne, 1880 (Ausschnitt)

Ist die Sonne sonnig heiß

Ist die Sonne sonnig heiß,
treibt sie aus den Poren Schweiß.

Der tropft in den Bach, fließt
in den Fluss, mündet ins Meer.

Das schmeckt nach Salz,
im Sommer noch mehr.

Lutz Rathenow

Was der Sommer alles macht

Hast du schon daran gedacht,
was der Sommer alles macht,
was der Sommer alles kann,
heut' und irgendwann?

Er bringt wieder Eis zum Schlecken,
Donner, Blitze, Mücken, Zecken,
Fledermäuse, Extrawurst,
Affenhitze, Riesendurst.

Regenbogen, Gartenzwerge,
Feriengrüße – ganze Berge.
Autofahrer stehn im Stau,
ärgern sich bald grün und blau.

Kirschen reifen, Feuerbohnen
und im Süden die Zitronen.
Hoch im Norden taucht ganz leis
schnell ein Eisbär unters Eis.

Kinder lässt der Sommer lachen,
weil sie wieder Ferien machen.
Manche flüchten weg vom Strand,
kühlen ihren Sonnenbrand.

Hast du schon daran gedacht,
was der Sommer alles macht,
was der Sommer alles kann,
heut' und irgendwann?

Bernhard Lins

Sonne, Wonne, Regentonne,
Wasser gießen, Blumen sprießen.
Gelbe, blaue, rote Blüten
vor der Sonne muss man hüten.
(Jakob)

Das beste Fundstück

Bens Eltern fuhren jedes Jahr ans Meer.
Mal in den Süden, mal in den Norden,
manchmal mit dem Schiff,
manchmal mit dem Flugzeug –
aber ans Meer fuhren sie immer.

Ben hätte sich zur Abwechslung
gern mal einen Vulkan angeguckt
oder wäre mit dem Aufzug
in den hundertsten Stock eines Hochhauses gefahren.
Einen Indianer hatte er auch noch nie gesehen,
von Eskimos, Eisbären
oder einem richtigen Urwald ganz zu schweigen.
„Das kommt alles noch“, sagte sein Vater.
Aber dann fuhren sie in den nächsten Sommerferien
wieder ans Meer.

„Gut“, dachte Ben, „dann werd’ ich eben Meeresforscher.“
Und er fing an,
sich von jedem Meer ein Marmeladenglas Sand mitzubringen,
eine Keksdose voll Muscheln und Schneckenhäuser
und jede Menge Fundstücke.
Seine Eltern schimpften zwar,
wenn er ihnen Steine und Schwämme in die Koffer packte,
aber sie schleppten sie mit.

So füllte sich das Regal in Bens Zimmer
mit sorgfältig beschrifteten Sandgläsern,
Muscheltellern und Schachteln voller Schneckenhäuser.

Die Steine legte er in ein großes, mit Wasser gefülltes Einmachglas, denn sie sahen hübscher aus, wenn sie nass waren. Und ganz besondere Fundsachen bewahrte er in einem Schuhkarton auf, den er wie eine Schatzkiste angemalt hatte.

Krebsscheren lagen da drin, ein Stück Seeigelpanzer, ein versteinertes Schneckenhaus und ein Foto, auf dem nicht viel zu sehen war. Wenn man genau hinsah, erkannte man lauter kleine Schneckenhäuser, die im grünen Wasser an den Felsen klebten. „Was soll denn das Foto?“, fragte jeder, dem Ben seine Schätze zeigte. „Das ist zur Erinnerung“, antwortete Ben dann. „An das Beste, was ich je gefunden hab.“

Cornelia Funke

Seite 151 Seite 155

Vom Aufblühen und Verblühen

Eines Tages leuchten ganz überraschend
die ersten roten Blüten des Klatschmohns
an manchen Weg- und Feldrändern.

Die haarige Knospenhülle (1) ist aufgeplatzt.
Blüte auf Blüte öffnet sich.
Das kräftige Signalrot ist eine Zeit lang
überall in der Landschaft zu sehen (2).

Doch dann, vielleicht nach Tagen
mit Regen und Sturm,
ist die ganze Farbenpracht
wieder verschwunden.

Die Blütenblätter sind
welk geworden und abgefallen (3).
Ihre Aufgabe war es, Bienen,
kleine Käfer und andere Insekten anzulocken,
damit sie die Mohnblüte bestäuben.

Nun kann sich der Samen bilden.
Er reift in den Mohnkapseln (4) heran.
Im Herbst wird die Pflanze braun und stirbt ab.
Aber die kleinen, schwarzen Samenkörner (5)
keimen im Frühjahr
und wachsen zu neuen Pflanzen heran.

Una Jacobs

Seite 139
Seite 141

Findus baut Schiffe

Findus hat sich Schiffchen aus allem Möglichen gebaut,
was er am Ufer gefunden hat.

Hier sind einige Tipps:

- Die Rinde von einer alten Kiefer schwimmt gut.
  Schnitz oder feil dir ein Rindenboot.
  Steck ein Stöckchen als Mast hinein
  und ein großes Blatt als Segel.

- Aus Schilfblättern kann man auch kleine Schiffe bauen.
  Steck das spitze Blattende in die Mitte des „Schiffes".
  Zieh es hindurch.
  Das ist der Kiel[1].
  Der Kiel sorgt dafür,
  dass das Boot nicht kentert[2].

- An Seeufern wachsen häufig Sumpfbinsen.
  Nimm ein paar Halme, möglichst alte, trockene,
  und zerteile sie, ungefähr 20 Zentimeter lang,
  leg sie nebeneinander
  und steck an einigen Stellen dünne Stöckchen hindurch –
  schon ist das Floß fertig.

Sven Nordqvist

[1] Der Kiel ist der unterste Längsbalken eines Schiffes.
[2] Man sagt „ein Boot kentert", wenn es im Wasser umkippt.

 Seite 139

-Polierst du das Holz auf dem Stein?
-Stell dir vor, das mach ich!
-So schön kann ich das nicht.
-Der spielt sich doch bloß auf.

SUMPF-BINSE
-Das ist ein Kiel.

Federleicht und flügelschwer

Rotraut Susanne Berner, ohne Titel

Der Löwe liest eine Geschichte vor.
Aber er kann doch nicht lesen?
Nokiki

Ich glaube,
die Menschen dachten,
dass der Löwe eine Wüste ist.
Jan

Der Löwe liest und der Rauch verkündet,
was der Löwe liest.
Christian

Traumbuch

Ich wollte schon immer ein Vogel sein.
Gestern im Traum bin ich einer gewesen.
Ich saß im höchsten Buchenbaum
und habe – was sonst? – ein Buch gelesen.

Es war ein Buch nach Vogelart,
mal federleicht mal flügelschwer.
Ich flog mit ihm im Traum davon
und wollte immer mehr!

Als dann der Traum zu Ende war,
bin ich kein Vogel mehr gewesen.
Geflogen bin ich immer noch.
Ich hab einfach weiter gelesen.

Inge Meyer-Dietrich

Warum das Kamel einen müden Blick hat

Das Kamel war früher
ein neugieriges Tier mit offenen Augen.
Es lebte zu dieser Zeit noch in einem Land
mit Gras und Apfelbäumen.
Eines Tages aber zog es aus und wanderte lange,
und eines andern Tages gelangte es
an den Rand einer Wüste.
Das Kamel war erstaunt: „Nichts als Sand?“, dachte es.
„Dahinter muss doch was sein!“
Und es ging auf die erste Düne zu und an ihr vorbei.
Dahinter aber war nichts als noch eine Düne.
Das Kamel ging weiter.
„Dahinter muss doch was sein“, dachte es wieder
und ging auch auf diese Düne zu.
Doch wieder war dahinter nur eine neue Düne.
So kam das Kamel
an zehn, hundert, tausend Dünen vorbei,
immer tiefer in die Wüste hinein.

„Dahinter muss doch was sein“, dachte es immer,
„muss doch was sein, muss doch was sein, muss doch ...“
Das Kamel ging weiter.
Es war durstig und müde,
und die Augenlider fielen ihm
tiefer und tiefer über die Augen.
Als es eben die letzte Düne vor sich hatte,
verlor das Kamel auch seinen letzten Mut.
„Dahinter ist nichts“, dachte es.
Hinter der letzten Düne aber waren Bäume
und eine Quelle im Schatten dieser Bäume.
Das Kamel ging zum Wasser und fing an zu saufen.
„Nichts“, dachte es.
Das Kamel soff,
es hatte die Augen beinah geschlossen und dachte:
„Dahinter ist nichts, gar nichts.“
Seit diesem Tage hat das Kamel einen müden Blick.

Warum? Warum?
Unzählige Fragen haben noch in keiner Warum-Geschichte
eine Antwort gefunden.
Warum verstecken sich die Schatten vor dem Licht?
Warum ist die Luft unsichtbar?
Warum schweigen die Pflanzen?
Warum gibt es Pechvögel und Glückspilze?
Warum finden wir die geträumten Dinge
nicht neben dem Bett, wenn wir erwachen?

Jürg Schubiger

Seite 151

Die Schildkröte schämt sich

In den alten Zeiten
konnte die Schildkröte pfeifen,
das Rebhuhn aber nicht.
Die Schildkröte ging pfeifend umher
und zeigte ihre Pfeife den anderen Tieren,
bis das Rebhuhn eifersüchtig wurde
und sie eines Tages bat,
sie möge ihr doch erlauben,
auch einmal auf der Pfeife zu blasen.

Die Schildkröte scheute sich anfangs,
dem Rebhuhn die kostbare Pfeife zu geben,
denn sie argwöhnte irgendeinen Streich.
Aber das Rebhuhn bat:
„Bitte borge sie mir doch einmal!
Ich werde sie dir gleich zurückgeben.
Aber wenn du Angst hast und mir nicht traust,
so kannst du ja in der Nähe bleiben,
während ich auf der Pfeife übe.“

So ließ die Schildkröte ihm die Pfeife,
und das Rebhuhn lief umher
und pfiff sehr schön darauf.
„Wie hört sich's bei mir an?“,
fragte das Rebhuhn selbstgefällig.
„O, du machst es schon sehr gut“,
sagte die Schildkröte, die an seiner Seite ging.

„Und wie gefällt es dir nun?“,
fragte das Rebhuhn, indem es vorauslief
und ein wenig schneller pfiff.
„Das ist schön“, sagte die Schildkröte
und eilte, um gleichen Schritt zu halten,
„aber lauf nicht so schnell!“

„Und wie gefällt dir dies?“,
fragte das Rebhuhn voller Eifer.
Dabei breitete es die Flügel aus
und gab einen langen Pfiff von sich,
flog auf die Spitze eines Baumes
und ließ die arme Schildkröte unten zurück.
Diese erhielt ihre Pfeife niemals wieder.
Und sie schämt sich noch heute
und verkriecht sich,
sobald jemand in ihre Nähe kommt.

Märchen der Cherokesen

Seite 145 Seite 161

Der goldene Schlüssel

Zur Winterszeit,
als einmal tiefer Schnee lag,
musste ein armer Junge hinausgehen
und Holz auf einem Schlitten holen.

Wie er es nun zusammengesucht
und aufgeladen hatte, wollte er,
weil er so erfroren war,
noch nicht nach Hause gehen,
sondern erst Feuer anmachen
und sich ein bisschen wärmen.

Da scharrte er den Schnee weg,
und wie er so den Erdboden aufräumte,
fand er einen kleinen goldenen Schlüssel.

Nun glaubte er,
wo der Schlüssel wäre,
müsste auch das Schloss dazu sein,
grub in der Erde
und fand ein eisernes Kästchen.
„Wenn der Schlüssel nur passt!“,
dachte er,
„Es sind gewiss kostbare Sachen
in dem Kästchen.“

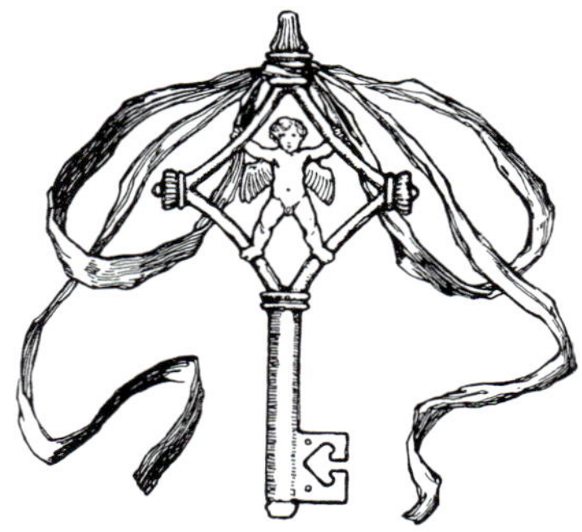

Er suchte, aber es war kein Schlüsselloch da,
endlich entdeckte er eins,
aber so klein, dass man es kaum sehen konnte.

Er probierte,
und der Schlüssel passte glücklich.
Da drehte er einmal herum,
und nun müssen wir warten,
bis er vollends aufgeschlossen
und den Deckel aufgemacht hat:
Dann werden wir erfahren,
was für wunderbare Sachen
in dem Kästchen lagen.

Brüder Grimm

Seite 151

Rund ums Buch

Heilige Apollonia, St. Nikolai zu Stralsund, um 1450

„Auf Sätzen bin ich durch die Zeit gereist
und rund um die Erde."

Peter Härtling

Nimm ein Buch

Nimm ein Buch, mach es auf:
Du kommst auf was drauf.

Lass es sein, mach es zu:
Es gibt keine Ruh.

So ist das eben:
Die Bücher leben.

Wolf Harranth

Zwei Bücher

Das eine versprach: „Ich mach dich klug,
in mir stehen Weisheiten mehr als genug."

Das andere meinte: „Ich mache dir Spaß."
Da las ich das Buch und las und las –

und las dann im klugen Buch weiter,
doch das lustige war viel gescheiter.

Hans Baumann

Seite 143 Seite 159

Der kultivierte[1] Wolf

Nachdem er viele Tage gewandert war,
kam der Wolf in eine ruhige, kleine Stadt.
Er war müde und hungrig,
seine Füße taten ihm weh
und er hatte nur noch wenig Geld,
das er für Notfälle aufheben wollte.

Dann fiel ihm ein:
„Hier in der Nähe gibt es doch einen Bauernhof.
Dort werde ich was zu essen finden …“

Als er über den Zaun linste,
sah er ein Schwein, eine Ente und eine Kuh,
die in der Sonne saßen und lasen.
Der Wolf hatte noch nie lesende Tiere gesehen.
„Meine Augen spielen mir einen Streich“, dachte er.

Aber er war hungrig und
wollte nicht länger darüber grübeln.
Er reckte sich, holte tief Luft, …
… sprang auf die Tiere zu
und brüllte: **„AAAAH-OOOH-AAH!“**
Die Hasen und Hühner
rannten um ihr Leben,
doch die Ente,
das Schwein und die Kuh
rührten sich nicht.

[1] Kultiviert ist man, wenn man sich fein benimmt und viel weiß.

„Was ist das für ein schrecklicher Lärm?“,
beschwerte sich die Kuh.
„Ich kann mich gar nicht auf mein Buch konzentrieren[2].“
„Einfach nicht beachten“, riet die Ente.

Der Wolf hasste es, nicht beachtet zu werden.

„Was ist los mit euch?“, fragte er.
„Seht ihr nicht,
dass ich ein großer und gefährlicher Wolf bin?“

„Doch, sicher bist du das“, erwiderte das Schwein,
„aber kannst du bitte irgendwo anders
groß und gefährlich sein?
Wir versuchen zu lesen.
Dies ist ein Hof für kultivierte Tiere.
Nun sei ein lieber Wolf und verschwinde“,
sagte das Schwein
und gab ihm einen Schubs.

So war der Wolf noch nie behandelt worden.
„Kultivierte Tiere ..., kultivierte Tiere ...“,
murmelte er vor sich hin.
„Das ist ja ganz was Neues. Na gut.
Dann will ich auch lesen lernen!“

Pascal Biet

---

[2] Sich konzentrieren heißt gut aufpassen und ganz aufmerksam sein.

Seite 143 Seite 161 Seite 165

Ich über mich

Paul Maar

Als Kind hatte ich drei Berufsziele.
Ich wollte entweder Rennfahrer, Kaminkehrer
oder Forscher in Afrika werden.
Nun bin ich Schriftsteller geworden
und darüber recht froh.
Denn das Schreiben und das Ausdenken von Geschichten
macht mir großen Spaß.
Ich empfinde es gar nicht als Arbeit.
Andere Menschen müssen sich nach einem frühen Frühstück
erst ins Auto oder in die Bahn setzen und zur Arbeit fahren.
Dann sind sie den ganzen Tag von zu Hause weg.
Ich muss nach einem späten, gemütlichen Frühstück
nur eine Tür weitergehen
und schon bin ich an meinem Arbeitsplatz.
Da liegen auf einem riesenlangen Tisch
auf der rechten Seite meine Schreibsachen:
weiße Blätter und mindestens fünf spitze Stifte.
Links liegen meine Malsachen: der Aquarellkasten[1],
20 Pinsel aller Größen und dickes Malpapier.

[1] Ein Aquarellkasten ist ein Kasten, in dem Farben zum Malen sind. Aquarellfarben sind so ähnlich wie Wasserfarben.

Je nachdem, wozu ich gerade Lust habe,
rücke ich meinen Stuhl ganz nach rechts um zu schreiben
oder nach links um zu malen.

Denn die Bilder in meinen Büchern
zeichne ich fast immer selbst.
Ich kann ja mal versuchen,
mich selbst zu zeichnen.

Im Laufe der Jahre sind schon mehr als vierzig Bücher
von mir erschienen, viele Theaterstücke
und sogar eine Oper für Kinder.
Vielleicht kennt ihr ja einige meiner Buchfiguren.
Zum Beispiel das kleine Känguru,
das mit seiner Freundin, der Springmaus,
loszieht um Abenteuer zu erleben.

Noch bekannter ist allerdings ein freches,
kleines Wesen mit einer Rüsselnase, roten Haaren
und blauen Punkten im Gesicht, das Sams.
Die Geschichte von Herrn Taschenbier
und seinem Sams wurde auch verfilmt.
So kann man sich die beiden auch im Kino anschauen.

Immer wieder lese ich auch Kindern aus meinen Büchern vor,
zum Beispiel von Tinas und Timmis Schulausflug,
der zum Abenteuer wird.
Ich bin gespannt, wie du diese Geschichte findest.

Paul Maar

Tina und Timmi machen einen Ausflug

Tina und Timmi sind Freunde. Seit diesem Schuljahr gehen sie sogar in eine Klasse. Eines Tages machen sie einen Ausflug zur Ruine einer uralten Ritterburg. Frau Bode, die Lehrerin, ermahnt die Kinder: „Wenn wir jetzt durch den Wald gehen, gelten folgende Regeln: Wir bleiben zusammen, keiner rennt weg und keiner geht vom Weg ab. Es ist gefährlich hier im Wald. Ich möchte keinen von euch verlieren. Habt ihr verstanden?“ Zusammen gehen sie los, den schmalen Weg entlang.

Nach einer Weile kommen sie zur Ritterburg. Erst steigen sie alle auf den Turm. Tina und Timmi probieren aus, wie lange ihre Spucke vom Turm bis zum Waldboden braucht. Als alle wieder unten sind, ruft Frau Bode: „So hier machen wir nun eine halbe Stunde Rast. Aber bitte bleibt hier. Dass mir keiner weggeht!“

Alle setzen sich und packen ihre Brote aus. Auch Tina guckt nach, was Mama ihr mitgegeben hat. „Oh Manno!“, stöhnt sie. „Streichkäse! Mama weiß doch genau, dass ich den nicht mag!“ Sie sagt zu Timmi: „Du kannst mein Brot haben. Ich hole mir einfach noch ein paar Himbeeren. Vorhin, auf dem Weg hierher habe ich ein paar Sträucher mit Himbeeren gesehen.“ „Das darfst du nicht“, flüstert Timmi. „Hast du nicht gehört, was Frau Bode gesagt hat?“ „Die merkt das gar nicht“, flüstert Tina zurück. „Bis die Pause vorbei ist, bin ich längst wieder hier.“ Heimlich schleicht sie weg.

Timmi wartet. Wo Tina nur bleibt? Nach einiger Zeit fragt Frau Bode: „Sind eigentlich alle da?“ „Ja!“, ruft Timmi schnell und ganz laut. Frau Bode lässt abzählen. Als Tina an die Reihe gekommen wäre, ruft Timmi schnell: „Neunundzwanzig!“

„Gut, dass wir vollzählig sind. Dann können wir aufbrechen. Wir nehmen eine Abkürzung“, sagt Frau Bode und marschiert voraus. Keiner hat gemerkt, dass Timmi zweimal gerufen hat. Timmi geht sehr, sehr langsam und schaut sich immer wieder um.

Tina hat inzwischen ganz viele Himbeeren gegessen. „Jetzt muss ich aber schnell zurück“, sagt sie sich. Aber als sie zur Ritterburg kommt, sind alle schon weg. „So ein Mist!“, schimpft Tina. „Welchen Weg sind die wohl gegangen? Warum sind die nicht an den Himbeeren vorbei?“ Sie schaut sich um.

Drei Wege führen von der Ritterburg weg. Tina entscheidet sich für den linken. Sie rennt so schnell sie kann. Wo sind die anderen? Tina rennt und rennt. Plötzlich merkt sie, dass sie wohl den falschen Weg gewählt hat.

Der Wald wird immer dichter. Sie bleibt stehen und schaut sich um. Irgendwo knackt ein Zweig. Es raschelt im Gebüsch. Tina hält den Atem an. Sie versteckt sich hinter einem dicken Baumstamm. Da ist es wieder. Ein Hase hoppelt aus dem Busch.

Erleichtert rennt sie weiter. Sie rennt zurück, bis sie endlich bei der Ritterburg ist. Dort nimmt sie den mittleren Weg.

Timmi hält es nicht mehr aus.
„Frau Bode, halt!
Ich muss Ihnen was sagen. Tina fehlt!“
Und er erzählt, was passiert ist.
Frau Bode schimpft nicht,
sie wird nur sehr, sehr aufgeregt.
„Schnell zurück! Ruft alle nach Tina!“
Aber Tina ist weder bei der Ritterburg
noch bei den Himbeeren
und sie antwortet auch nicht.
Es herrscht große Aufregung.
„Wir müssen zur Polizei!“,
und alle laufen zum Bus.
Da sitzt Tina neben dem Fahrer. …

Paul Maar

Seite 145
Seite 157

Ein Fall für den Bücherwurm

Felix gefallen die Bücher von Paul Maar.
Er kennt schon alle Geschichten
vom **Kleinen Känguru**.
Heute geht er in die Bibliothek[1], um das Buch
Eine Woche voller Samstage auszuleihen.
Er hat den Sams-Film im Kino gesehen
und möchte nun das Buch lesen.

An der Ausleih-Theke sitzt
Frau Özgür, die Bibliothekarin[2].
Felix fragt:
„Können Sie mir bitte helfen?
Ich suche das Sams von Paul Maar."
Die Bibliothekarin fragt:
„Möchtest du das Buch,
die Hörspielkassetten oder die CD-ROM?"
Felix antwortet:
„Zuerst möchte ich das Buch lesen."

Die Bibliothekarin
schaut im Computer nach,
ob das Buch ausgeliehen wurde.
Nein!

[1] Eine Bibliothek ist eine Bücherei.
[2] Eine Bibliothekarin ist eine Frau, die in der Bibliothek arbeitet.

CD-ROMS
VIDEOS
SPIELE
MÄRCHEN
SACHBÜCHER
HÖRSPIELE, CDs
AUSLEIHE
RÜCKGABE
F
G
P
Q
A
B
F
A
E

Das Buch müsste in den
Regalen mit den Erzählungen stehen.
Alle Bücher sind nach dem Alphabet geordnet.
Die Autoren mit **A** stehen am Anfang,
die mit **Z** stehen am Ende.
Das Sams-Buch von Paul **M**aar
müsste also irgendwo in der Mitte stehen.

Viele Bücher stehen in dem Regal.
Aber ausgerechnet das Sams-Buch
ist nicht da.

Das ist ein Fall für den Bücherwurm!

Der lebt schon lange
in der Bücherei.
Damals, als er dort einzog,
gab es noch keine Computerspiele
oder Videos.
Der Bücherwurm hat fast alle Bücher
in der Bibliothek gelesen.
Niemand kennt sich so gut
in den Regalen aus wie er.
Immer wenn Frau Özgür
besonders viel zu tun hat,
hilft ihr der Bücherwurm.

Gemeinsam machen sich Felix
und der Bücherwurm auf die Suche.
Schon bald merken sie,
dass hier einiges durcheinander geraten ist.

Der Bücherwurm fragt Felix:
„Hilfst du mir beim Aufräumen?
Wir müssen die Bücher
nach dem Abc sortieren."

Felix und der Bücherwurm kommen
auf ihrer Suche zum
Regal mit den Sachbüchern.
Auch hier stimmt einiges nicht.
Der Bücherwurm fragt Felix:
„Weißt du, welche Bücher nicht hierher gehören?"

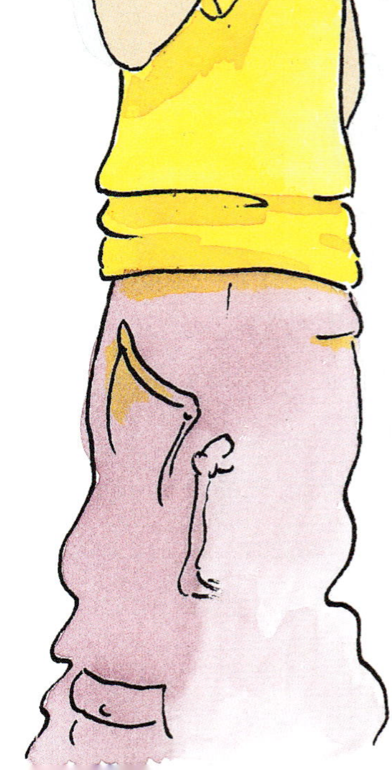

Auch ein Buch von Paul Maar
steht zwischen den Sachbüchern.
Aber leider ist es nicht die Geschichte vom Sams.

Felix erzählt dem Bücherwurm:
„**Pippi Langstrumpf** und **Karlsson vom Dach**
kenne ich schon aus unserer Schulbücherei.
Karlsson finde ich sehr witzig.
Ich weiß, wo die Bücher hingehören."

Bei einem Buch fehlt der Umschlag.
Felix liest den Anfang der ersten Geschichte:

Felix überlegt:
Was ist das für eine Geschichte?
In welches Regal gehört das Buch?

Felix und der Bücherwurm
schauen sich genau
in allen Regalen um.
Bei den **Gedichten**
zwischen Hans Manz und
Christian Morgenstern
entdecken sie endlich
das Sams-Buch und
seinen Entführer.

Der Bücherwurm ruft aus:
„Ach, du hast dich hier mit dem Buch versteckt!"
Die Leseratte murmelt nur: „Mmm."
Zu Felix sagt der Bücherwurm:
„Die Leseratte und ich sind alte Freunde."

Die Leseratte verspricht,
das Sams-Buch ganz schnell zu Ende zu lesen.
Dann kann Felix es morgen ausleihen.

Von der Bibliothekarin möchte er sich dafür schon einmal einen eigenen Ausweis machen lassen.
Auf einem Blatt trägt sie den Namen und die Adresse von Felix ein. Wenn seine Eltern dieses Blatt unterschrieben haben, erhält er seinen Bibliotheksausweis.
Mit dem Ausweis kann Felix Bücher, Kassetten und CD-ROMS ausleihen.

Weil Felix das Sams-Buch noch nicht mitnehmen kann, schlägt ihm Frau Özgür vor:
„Schau dir doch das Computerspiel vom Sams an."
Er setzt sich in der Bibliothek an den Computer und fängt an zu spielen.
Ein Glück, dass er die Geschichte schon kennt.
Jetzt kann er ganz viele Fragen beantworten und die Aufgaben lösen.

Seite 139 Seite 141

Meine Buchempfehlung

Die Geschichte vom Sams hat Felix sehr gut gefallen,
Er möchte seiner Klasse von dem Buch erzählen.
Felix macht sich dafür Notizen für seine Buchempfehlung.

Titel des Buches:
Eine Woche voller Samstage

Autorin/Autor:
Paul Maar

Die Hauptpersonen in meinem Buch sind:
Das Sams und Herr Taschenbier

Hier spielt die Geschichte:
in Deutschland

Darum geht es in meinem Buch:
um die Wunschpunkte vom Sams,
mit denen man sich etwas wünschen kann

Das gefällt mir an dem Buch besonders gut:
Es ist spannend und witzig.

Diese Stelle des Buches ist besonders spannend oder lustig:
Seite 29 bis 30

Felix erzählt vor seiner Klasse:

„Mein Buch heißt **Eine Woche voller Samstage**.
Paul Maar hat es geschrieben.

Die Hauptpersonen sind das Sams und Herr Taschenbier.
Die Handlung spielt irgendwo in Deutschland.

Das Sams hat ganz viele Wunschpunkte,
mit denen Herr Taschenbier sich etwas wünschen kann.
Mir gefällt besonders gut, dass die Geschichte lustig ist.
Diese Stelle fand ich besonders lustig:

Schlaf, Papa, schlaf!
Die Rotkohl ist ein Schaf.
Das Sams, das schüttelt's Bäumelein,
da fällt herab ein Zentnerschwein.
Schlaf, Papa, schlaf!

Ruh, Papa, ruh!
Die Rotkohl ist 'ne Kuh.
Das Sams, das schüttelt's Ofenrohr,
da kriecht ein Elefant hervor.
Ruh, Papa, ruh!"

Texte verstehen

Von der Raupe zum Schmetterling

Wie wird aus einer Raupe ein Schmetterling?

Was fressen Raupen und Schmetterlinge?

Das Leben eines Schmetterlings beginnt in einem Ei. Aus dem Ei schlüpft eine kleine Raupe.

Die Raupe hat großen Hunger und frisst den ganzen Tag Blätter. Sie wächst so schnell, dass ihre Haut zu eng wird. Die Raupe häutet sich und streift dabei die alte Haut ab. Dann muss sich die Raupe ausruhen.

Die Raupe wird zur Puppe. So nennt man einen Schmetterling in seiner Ruhezeit. In der Puppenhülle verwandelt sich die Raupe in einen bunten Schmetterling.

Der Schmetterling schlüpft aus der Puppenhülle. Schmetterlinge fliegen von Blume zu Blume und saugen den Nektar aus den Blüten.

So geht's

Du möchtest zu einem Thema etwas wissen.
Du liest einen Text.
Das kannst du tun,
um den Text gut zu verstehen:

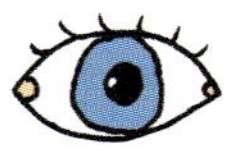

1. Ich schaue mir die Überschrift und die Bilder an.

2. Ich überlege:
   Was will ich wissen?
   Welche Fragen habe ich?

3. Ich lese den Text leise für mich.
   Der Text hilft mir, zu meinen Fragen die Antworten zu finden.

4. Bei manchen Fragen muss ich überlegen und nochmal im Text nachschauen.

Du kannst einem Freund oder einer Freundin erzählen, was du jetzt über das Thema weißt.

Du kannst in Büchern, Zeitungen oder im Internet mehr zu einem Thema suchen.

Probier' es aus: Seite 55 Seite 64 Seite 98

Texte nacherzählen

Drei Kätzchen

Es waren einmal drei Kätzchen –
ein schwarzes, ein weißes und ein graues,
die erspähten eine Maus
und rannten ihr nach.

Die Maus sprang in eine Mehldose,
die Kätzchen sprangen hinterdrein.

Die Maus entwischte,
und aus der Mehldose
kletterten drei weiße Kätzchen.

Drei weiße Kätzchen sahen einen Frosch.
Der Frosch hüpfte in ein altes Ofenrohr,
die Kätzchen sprangen hinterdrein.

Der Frosch entsprang,
und aus dem Rohr
krochen drei schwarze Kätzchen.

Drei schwarze Kätzchen sahen
einen Fisch im Teich schwimmen
und sprangen hinterdrein.

Der Fisch schwamm davon, und aus dem Wasser tauchten drei nasse Kätzchen.

Drei nasse Kätzchen schlichen heimwärts. Unterwegs trocknete ihr Fell, und sie wurden wieder ein schwarzes, ein weißes und ein graues Kätzchen.

Wladimir Sutejew

So geht's

Du möchtest anderen Kindern eine Geschichte nacherzählen. Bilder helfen dir dabei.

1. Ich lese die Geschichte leise für mich.

2. Ich male Bilder zu der Geschichte. Die Bilder zeigen, was in der Geschichte passiert.

3. Ich schaue meine Bilder an und erzähle dazu die Geschichte.

Probier' es aus: Seite 62 Seite 75 Seite 80

Texte mit Betonung vorlesen

Mäusekrimi

Es war mal eine Maus,
die wollte was erleben.

Die kleine Maus ging aus,
ging trippel, trippel, trippel,
ging um das Eck.

Da stand, o Schreck, ein Kater.
Der Kater rief: „Ich fresse dich!“
Drauf rief die Maus:
„Du kriegst mich nicht!“,
und lief geschwind nach Haus.

Was tat die Maus zu Haus?
Sie legte sich aufs Kanapee[1]
und las dort einen Krimi –
von einer kleinen Maus:
Die wollte was erleben.

Die kleine Maus …

Josef Guggenmos

[1] Ein Kanapee ist ein Sofa.

So geht's

Du möchtest einen Text anderen laut vorlesen.
So kannst du dich vorbereiten,
damit dir das gut gelingt:

1. Ich lese den Text leise für mich.

2. Ich unterstreiche Stellen im Text, die ich mit meiner Stimme besonders betonen möchte.

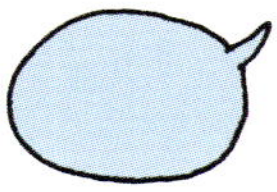

3. Ich lese den Text laut für mich und probiere aus, ob die Betonung gut passt.

4. Ich lese den Text anderen mit Betonung laut vor.

Überlege, wo du Pausen machen kannst.

Probier' es aus: Seite 26 Seite 60 Seite 67

Mit verteilten Rollen lesen

Der Hase und der Elefant

„Sag nicht immer Kleiner zu mir!“,
sagte der Hase zum Elefanten.
„Es war nicht bös gemeint“, sagte der Elefant.
„Bestimmt nicht?“
„Ehrenwort!“
„In Ordnung!“, sagte der Hase.
„Dann wollen wir wieder Freunde sein! –
Dicker, wie wär’s? Wollen wir spazieren gehen?“

„Halt! Was hast du da eben gesagt? Dicker?“
„Na und!“, rief der Hase.
„Sei doch nicht gleich beleidigt!
Was bist du für einer!“
„Also gut“, brummte der Elefant.
„Ich will nicht so sein. Gehen wir!“
„Du bist ein prima Kerl“, sagte der Hase.

Und dann sind sie zusammen
in der Welt herumspaziert.
Schön war’s.

Josef Guggenmos

So geht's

In einer Geschichte sprechen verschiedene Personen miteinander. Ihr möchtet die Geschichte mit verteilten Rollen lesen.

So könnt ihr das Vorlesen vorbereiten, damit es euch gut gelingt:

1. Wir lesen den Text leise durch.

2. Wir überlegen:
   Welche Personen sprechen in der Geschichte?
   Wir unterstreichen, was die Personen sprechen.
   Für jede Person nehmen wir eine andere Farbe.

3. Wir besprechen:
   Wer liest welche Person?

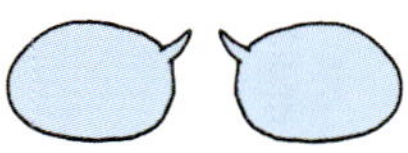

4. Wir lesen den Text mit verteilten Rollen vor.
   Wir probieren aus,
   welche Betonung am besten passt.

Manchmal braucht ihr einen Erzähler.

Probier' es aus: Seite 20 Seite 52 Seite 68

Gedichte auswendig lernen

Hausspruch

In meinem Haus,
da wohne ich,
da schlafe ich,
da esse ich.

Und wenn du willst,
dann öffne ich
die Tür
und lass' dich ein.

In meinem Haus,
da lache ich,
da weine ich,
da träume ich.

Und wenn ich will,
dann schließe ich
die Tür
und bin allein.

Gina Ruck-Pauquèt

So geht's

Du möchtest ein Gedicht auswendig lernen.
Bewegungen helfen dir dabei.

1. Ich lese das Gedicht leise durch.

2. Ich stelle mir vor: Was passiert in dem Gedicht? Mit Bewegungen kann ich mir das Gedicht besser merken.

3. Ich lese das Gedicht laut vor und mache meine Bewegungen dazu. Ich übe so lange, bis ich das Gedicht auswendig kann.

Du kannst ein Gedicht auch zusammen mit deiner Freundin oder deinem Freund auswendig lernen.

Du kannst das Gedicht anderen vortragen.

Probier' es aus: Seite 29 Seite 59 Seite 83

Zu Gedichten schreiben

Den Herbst erleben

Durch den Wald laufen.
Nichts sehen als undurchdringlichen Nebel.
Nichts fühlen als feuchten Wind.
Nichts hören als trockenes Laub.
Nichts schmecken als frische Nüsse.
Nichts riechen als wilde Pilze.
Zwischen zwei Sonnenstrahlen wissen:
Es ist Herbst.

Unbekannter Verfasser

Den Sommer erleben

Über die Wiese laufen.
Nichts sehen als blühende Blumen.
Nichts fühlen als warmen Sonnenschein.
Nichts hören als Vögel.
Nichts schmecken als Erdbeeren und Eis.
Nichts riechen als Sonnencreme.
Es ist Sommer.

Christina

Nichts sehen als ...
Nichts fühlen als ...
Nichts hören als ...
Nichts schmecken als ...
Nichts riechen als ...
Es ist ...

So geht's

Du kannst zu einem Gedicht ein eigenes Gedicht schreiben.

1. Ich lese das Gedicht
   leise für mich.

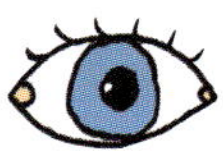

2. Ich schaue mir das Gedicht genau an.
   Was fällt mir auf?
   Wie ist das Gedicht gebaut?

3. Ich suche eine Überschrift
   für mein Gedicht.

4. Ich schreibe mein eigenes Gedicht.

Probier' es aus: Seite 17 Seite 46 Seite 51

Zu Geschichten schreiben

Herr Wuzzel und sein Karussell

Einmal geschah eine wunderbare Geschichte:
Ein seltsamer Wagen fuhr durch unser Dorf.
Er blieb auf der Dorfwiese stehen.
Und dann kam ein geheimnisvoller Mann
aus der Tür: Herr Wuzzel.
Er hatte eine geheimnisvolle, blaue Wunschbrille auf der Nase.

Am nächsten Tag stand da ein Karussell.
Nicht groß, ein altes wackeliges Ding,
und nur etliche Tiere waren darauf.
Ein blaues Zauberpferd, ein Traumvogel
und ein Rennauto mit der Nummer 19.

Aber das Karussell war verzaubert,
das konnte man sofort erkennen.

Am Nachmittag waren alle auf der Dorfwiese.
Herr Wuzzel rief: „Hereinspaziert, ihr lieben Leute!
Mein Zauberkarussell fährt heute in alle Länder der Welt."

Wolle Muschel, der Kleinste von allen, wagte die erste Fahrt.
Herr Wuzzel nahm seine Brille ab
und ließ Wolle hindurchgucken:
„Bitte, wohin soll die Reise heute gehen?"
„Indianerland", sagte Wolle …

Janosch

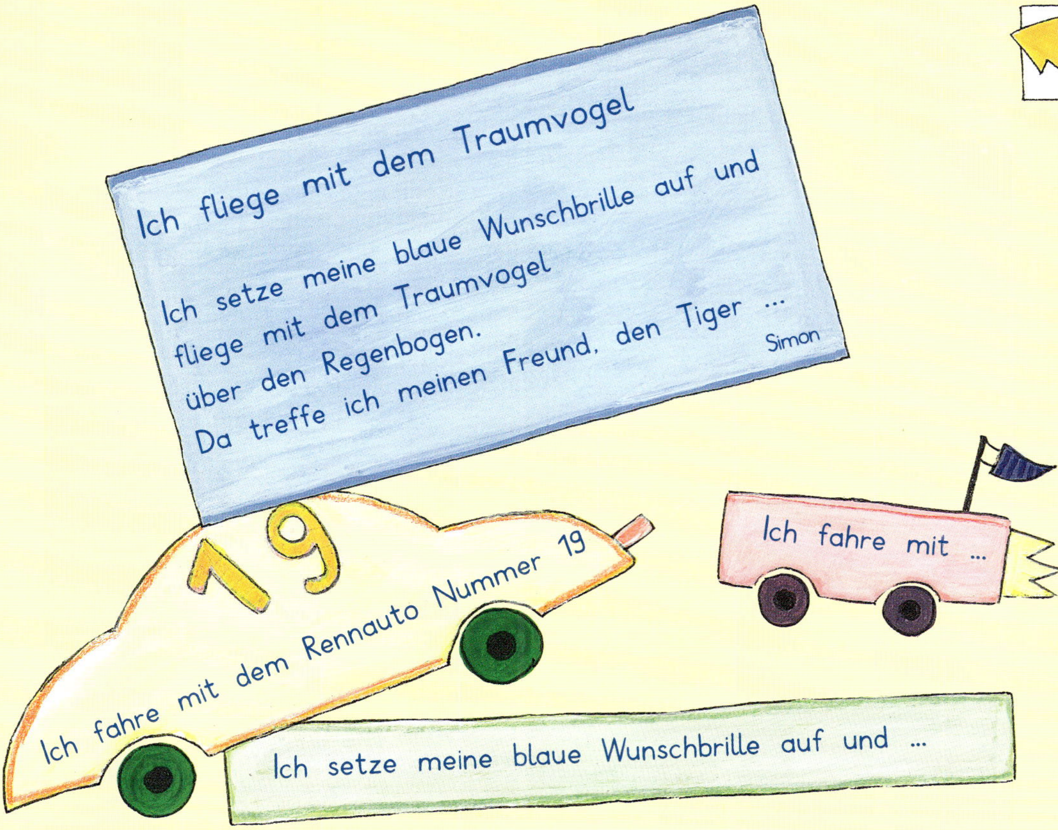

So geht's

Du kannst zu Geschichten schreiben.

1. Ich lese die Geschichte
   leise für mich.

2. Ich überlege:
   Wie könnte die Geschichte weitergehen?
   Was würde ich gerne
   in dieser Geschichte erleben?

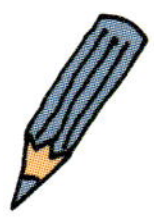

3. Ich schreibe die Geschichte weiter
   oder eine neue Geschichte.

Probier' es aus: Seite 19 Seite 112 Seite 116

Mit Buchstaben und Wörtern spielen

Wörter verstecken

In der WOLKE versteckt sich der Regen.
In der KIRSCHE versteckt sich ein Kern.

Wo Wörter wohnen

Das Wort **ein** wohnt in:

Das Wort **aus** wohnt in:

Buchstaben tauschen

So geht's

Aus Buchstaben und Wörtern können Bilder werden.
Du kannst dabei mit Buchstaben und Wörtern spielen.

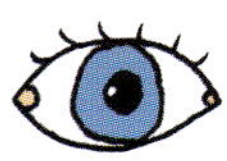

1. Ich schaue mir Bilder und Spiele mit Buchstaben und Wörtern genau an. Mit welcher Spielregel wird dort gespielt?

2. Ich nehme andere Buchstaben und Wörter und denke mir eigene Bilder oder Spiele aus.

3. Ich schreibe meine Ideen mit dem Computer oder mit Stiften auf.

Probier' es aus: Seite 41 Seite 61 Seite 77

Zu Texten malen und basteln

Regenschirme

Wenn die ersten Tropfen fallen,
lustig auf das Pflaster knallen,
blühen sie wie Blumen auf.
Bunt gestreifte, bunt gefleckte,
bunt getupfte, bunt gescheckte
nehmen fröhlich ihren Lauf.
Seit die ersten Tropfen fielen,
schweben sie auf dünnen Stielen,
leuchtend, schimmernd, rund und glatt.
Bunt gestreifte, bunt gefleckte,
bunt getupfte, bunt gescheckte
Schirme blühen in der Stadt.

Vera Ferra-Mikura

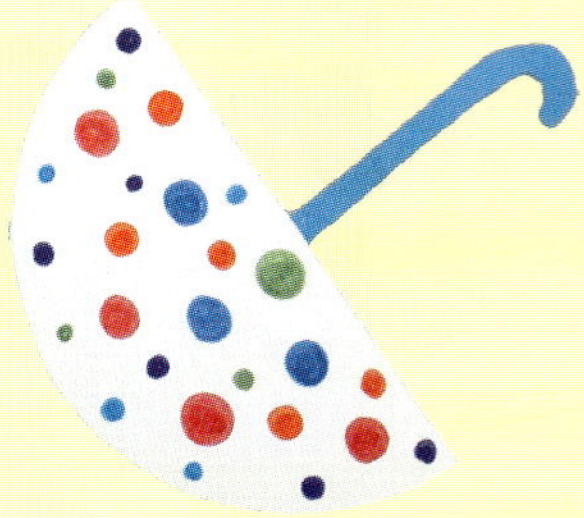

So geht's

Du kannst zu Texten malen und basteln.

1. Ich lese den Text leise für mich.

2. Ich überlege: Was möchte ich zu dem Text malen oder basteln?

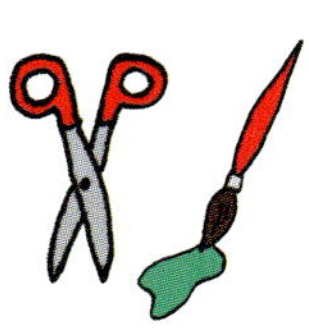

3. Ich male und bastle. Was brauche ich dafür? Womit fange ich an?

4. Ich stelle meine Bilder oder Bastelarbeiten aus.

Probier' es aus: Seite 40 Seite 67 Seite 103

Zu Texten Geräusche machen

Kommt ein Tag in die Stadt

Ein Wecker rasselt,

eine Teekanne zischt,

ein Regenguss prasselt,

eine Putzfrau wischt,

ein Briefkasten klappert,

ein Baby schreit,

eine Nachbarin plappert,

und ganz weit

quietscht eine Bahn in den Schienen.

So kommt ein Tag in die Stadt:

Im Dämmerlicht um halb sieben,

in die Stadt, die geschlafen hat.

Hans Adolf Halbey

So geht's

Ihr könnt mit Geräuschen einen Text begleiten.

1. Wir lesen den Text
   leise durch.

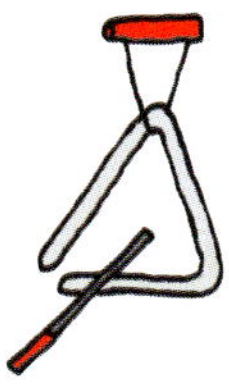

2. Wir probieren aus,
   welche Instrumente oder Gegenstände
   wir einsetzen wollen.
   Mit der Stimme können wir auch
   verschiedene Geräusche machen.

3. Wir verteilen die Aufgaben:
   Wer liest das Gedicht?
   Wer spielt welches Instrument?

Ihr könnt alles auf Kassette aufnehmen.

Probier' es aus: Seite 75 Seite 82 Seite 90

Zu Texten Bewegungen machen

Balduins große Reise

In seinem Dorf träumt Balduin
von einer Reise nach Berlin.

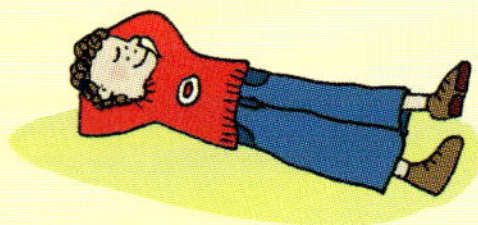

Und er läuft los, doch schon am See
tun ihm die Katerpfoten weh.

Jens nimmt ihn auf dem Roller mit,
bis auf den Markt zu Bäcker Schmidt.

Dort fährt er mit der Eisenbahn,
die bringt ihn nach Bad Doberan.

In einem Bus sitzt Balduin,
doch der fährt auch nicht nach Berlin.

Er sieht ein Schiff, und er steigt ein,
der Wind treibt es nach Königstein.

Ganz traurig sieht der Kater aus,
da huscht durchs Gras 'ne kleine Maus.

Durch Wald und Wiesen jagt er sie,
der Kater aber – fängt sie nie.

Läuft kreuz und quer und gradeaus,
und kommt ins Dorf zurück nach Haus.

Im Hühnerstall schläft Balduin
und träumt schon wieder von Berlin.

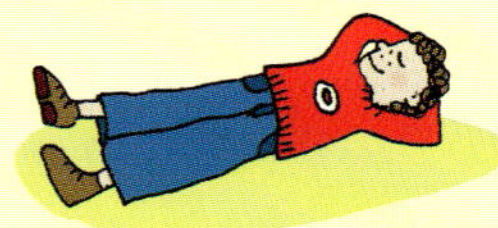

Fred Reinke

So geht's

Ihr könnt zu Texten Bewegungen machen.

1. Wir lesen den Text
   leise durch.

2. Wir überlegen:
   Welche Bewegungen passen zu dem Text?

3. Wir verteilen die Aufgaben:
   Wer macht welche Bewegungen?
   Wer spricht den Text?

4. Wir probieren
   alle Bewegungen zum Text aus.

5. Wir stellen den Text
   mit Bewegungen anderen vor.

Probier' es aus: Seite 75 Seite 90 Seite 103

Texte vorspielen

Herr Balaban

Herr Balaban grub in seinem Schrebergarten ein großes Loch.

„Was machen Sie denn da?“, fragte ihn der Nachbar,
der über den Zaun hinweg zuschaute.

„Ich hab’ so viele Steine in meinen Beeten gefunden,
die schmeiß ich in dieses Loch.“

„Aha, und wo tun Sie dann die Erde hin,
die sie aus dem Loch geschaufelt haben?“

„Dort in der Ecke, hinter dem Komposthaufen[1],
grabe ich ein zweites Loch,
da kommt dann die Erde hinein.“

„Aber dann bleibt Ihnen ja wieder Erde übrig.
Was machen Sie denn damit?“

„Hören Sie“, sagte Herr Balaban,
„Sie sehen ja, dass ich beschäftigt bin.
Ich habe wirklich keine Zeit,
Ihnen das jetzt in allen Einzelheiten zu erklären!“

Martin Auer

[1] Ein Komposthaufen ist ein Haufen von Pflanzen und Küchenabfällen, die verfaulen. Daraus entsteht gute Erde.

So geht's

Ihr könnt Texte vorspielen.

1. Wir lesen den Text
   leise durch.

2. Wir überlegen:
   Welche Personen spielen mit?
   Welche Dinge brauchen wir zum Spielen?

3. Wir verteilen die Rollen.
   Jeder unterstreicht die Stellen,
   die er sprechen muss.

4. Wir proben unser Stück.
   Wir sprechen unseren Text auswendig
   oder mit eigenen Worten.

5. Wir spielen unser Stück anderen vor.

Probier' es aus: Seite 33 Seite 100 Seite 120

Mit Figuren spielen

Sieben blinde Mäuse

Sieben blinde Mäuse entdeckten eines Tages etwas Seltsames in der Nähe ihres Teiches. „Was ist das?“, riefen sie überrascht und rannten nach Hause.

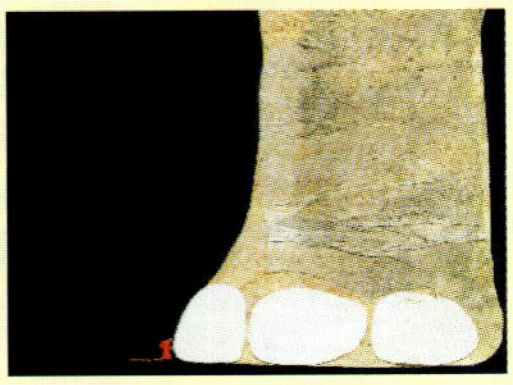

Als erste lief am Montag die rote Maus hinaus, um das Geheimnis zu lüften. „Das ist eine Säule“, sagte sie. Niemand glaubte ihr.

Am Dienstag zog die zweite Maus aus. Sie war grün. „Das ist eine Schlange“, sagte sie.

„Nein“, sagte die gelbe Maus am Mittwoch. „Das ist ein Speer.“ Sie war als dritte an der Reihe.

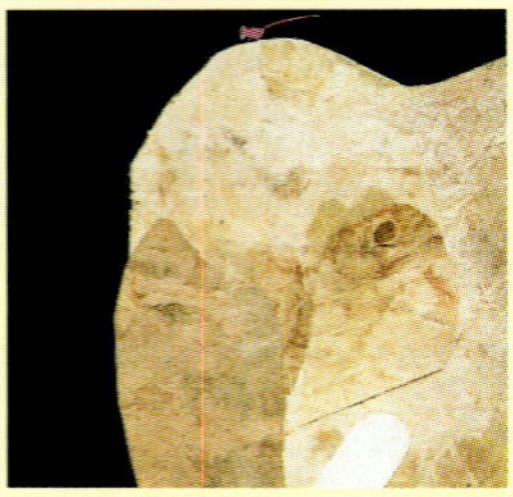

Die vierte Maus war lila. Sie lief am Donnerstag hinaus. „Das ist eine große Klippe[1]“, sagte sie.

[1] Eine Klippe ist ein Felsvorsprung am Meer.

Am Freitag machte sich die fünfte Maus
auf den Weg. Sie war orange.
„Das ist ein Fächer!“, rief sie.
„Er hat sich bewegt!“

Die blaue Maus zog am Samstag aus,
als sechste.
Sie sagte: „Das ist nur ein Seil.“

Aber die anderen waren nicht ihrer Meinung.
Sie begannen sich zu streiten.

„Ein Fächer!“

„Eine Schlange!“

„Eine Klippe!“

„Ein Seil!“

Bis am Sonntag die weiße Maus,
die siebente Maus, zum Teich ging.
Als sie zu dem seltsamen Ding kam,
lief sie an einer Seite hinauf,
und an der anderen Seite hinunter.

Sie lief ganz nach oben der Länge nach hinüber,
von einem Ende zum anderen.

„Ah!“, sagte die weiße Maus.
„Jetzt verstehe ich. Es ist
fest wie eine Säule,
geschmeidig wie eine Schlange,
weit wie eine Klippe,
scharf wie ein Speer,
luftig wie ein Fächer,
faserig wie ein Seil,
aber alles in Allem ist es ... – ein Elefant!“

Da liefen auch die anderen Mäuse an der einen Seite hinauf
und an der anderen Seite hinunter.
Und als sie ganz oben der Länge nach hinüberliefen,
von einem Ende zum anderen,
da gaben sie ihr Recht. Jetzt verstanden auch sie.

Die Lehre für die Mäuse:
Wissen in Teilen macht eine schöne Geschichte,
aber Weisheit entsteht, wenn wir das Ganze sehen.

Ed Young

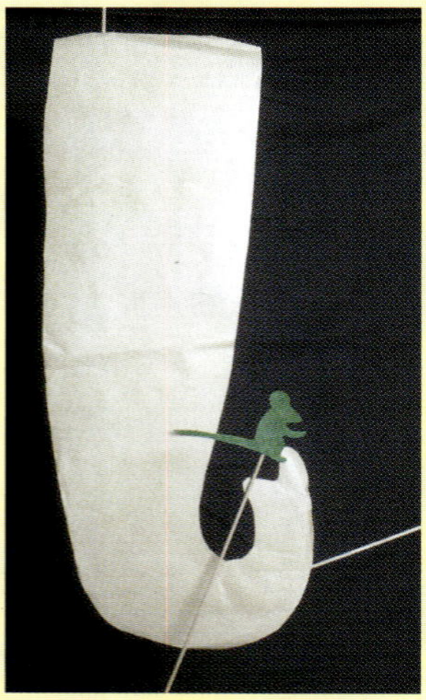

Diese Figuren brauchen wir:
- sieben Mäuse,
- einen großen Elefanten
- Bein und Säule
- Rüssel und Schlange
- ...

Für die Figuren brauchen wir:
Schere, Karton, Holzstäbe,
Klebeband, ...

So geht's

Ihr könnt eine Geschichte mit Stabfiguren spielen.

1. Wir lesen den Text leise durch
   und schauen uns die Bilder dazu an.

2. Wir überlegen:
   Welche Figuren brauchen wir?

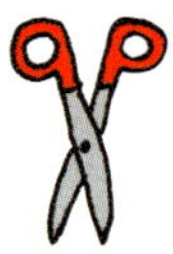

3. Wir basteln die Stabfiguren.
   Was brauchen wir dafür?

4. Wir bauen die Bühne.
   Was brauchen wir dafür?

5. Wir verteilen die Aufgaben:
   Wer liest vor?
   Wer spielt welche Stabfigur?

6. Wir führen unser Stück
   anderen vor.

Probier' es aus: Seite 42 Seite 70 Seite 120

Inhaltsverzeichnis

Kleine und große Tiere

Weihnachtszeit

Wenn es Winter wird

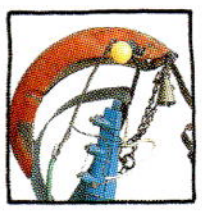

Seltsam und erstaunlich

Der Frühling erwacht

Kinder aus aller Welt

Was der Sommer alles macht

Federleicht und flügelschwer

Rund ums Buch

Das Lern-Mobile

Verzeichnis der Textarten

Textquellen

S. 4 Das Hexenhaus; Originalbeitrag
S. 17 Klaus W. Hoffmann: Das Lied von den Gefühlen; aus: Klaus W. Hoffmann, Wie kommt die Maus in die Posaune?, AKTIVE MUSIK Verlagsgesellschaft, Dortmund 1989
S. 18 Ich wär so gern ...; Schülertexte
S. 19 Erhard Dietl: Manchmal wär ich gern; aus: Erhard Dietl, Manchmal wär ich gern ein Tiger, Ravensburger Buchverlag Otto Maier GmbH, Ravensburg 1985
S. 20 Leo Löwe: Ich kann was Tolles! – Und was kannst du?; aus: Leo Löwe, Ich kann was Tolles! Und was kannst du?, © 1995 Grätz Verlag, Witzenhausen
S. 22 Otti Pfeiffer: Auf einmal kann ich es; aus: Otti Pfeiffer/Petra Osvatic, Machen wir mal einen Sandsturm, Gerstenberg Verlag, Hildesheim 1987 (gekürzter Text)
S. 23 Ursel Scheffler: Was Pauline alles kann; aus: Ursel Scheffler, Leselöwen-Zirkusgeschichten, © 1980 by Loewe Verlag, Bindlach
S. 24 Mercer Mayer: Da liegt ein Krokodil unter meinem Bett; aus: Mercer Mayer, Da liegt ein Krokodil unter meinem Bett, Ravensburger Buchverlag Otto Maier GmbH, Ravensburg 1991 / Lizenzausgabe mit Genehmigung des Verlages Friedrich Oetinger, Hamburg, © 1987 Mercer Mayer
S. 26 Peter Härtling: Schimpfeln; aus: Peter Härtling, Sofie macht Geschichten, Gulliver Taschenbuch 28, © 1980 Beltz Verlag, Weinheim und Basel 1987
S. 29 Georg Bydlinski: Freunde; aus: Georg Bydlinski, Der Mond heißt heute Michel, Herder Verlag, Freiburg 1981
S. 30 Gemeinsam geht es besser; Schülertexte
S. 31 Irmela Brender: Wir; aus: Joachim Fuhrmann (Hrsg.), Gedichte für Anfänger, Rowohlt Verlag, Reinbek 1980
S. 32 Aliki: Eine Neue in der Klasse; aus: Aliki, Gefühle sind wie Farben, Übersetzung: Susanne Härtel, © 1987 Beltz Verlag, Weinheim und Basel; Programm Beltz & Gelberg, Weinheim
S. 33 Aliki: Es tut mir Leid; aus: Aliki, Sag's, tu's – aber freundlich, Übersetzung: Sybill Gräfin Schönfeldt, © 1993 arsEdition, München
S. 34 Knut Hamann/Birgit Schössow: Alles Familie; aus: Knut Hamann/Birgit Schössow, Alles Familie, K. Thienemann Verlag, Stuttgart 1997 (gekürzter Text)
S. 36 Tomie de Paola: Erst den einen Fuß und dann den anderen; aus: Tomie de Paola, Erst den einen Fuß und dann den anderen, Übersetzung: Friedrich Langreuter, © 1996 arsEdition, München (gekürzter Text)
S. 38 Jürg Schubiger: Herbstgedicht; aus: Hans-Joachim Gelberg (Hrsg.), Großer Ozean. Gedichte für alle, © 2000 Beltz Verlag, Weinheim und Basel; Programm Beltz & Gelberg, Weinheim
S. 39 Erwin Grosche: Der Apfel; aus: Erwin Grosche, Der Badewannenkapitän, Patmos Verlag, Düsseldorf
S. 39 Reinhard Döhl: Apfel; Originalbeitrag Reinhard Döhl
S. 40 Vera Ferra-Mikura: Der Papierdrachen; aus: Vera Ferra-Mikura, Lustig singt die Regentonne, © by Verlag Jungbrunnen, Wien – München 1964
S. 41 Hubert Schirneck: Windgedicht; aus: Hans-Joachim Gelberg (Hrsg.), Großer Ozean. Gedichte für alle, © 2000 Beltz Verlag, Weinheim und Basel; Programm Beltz & Gelberg, Weinheim
S. 41 Eugen Gomringer: Wind; aus: Eugen Gomringer (Hrsg.), Konkrete Poesie, Verlag Philipp Reclam jun., Stuttgart 1972
S. 42 Ben Kuipers: Regen; aus: Ben Kuipers, Ich bin dein Freund, aus dem Niederländischen von Hedwig von Bülow, © 2002 Nagel & Kimche im Carl Hanser Verlag, München – Wien
S. 45 Gina Ruck-Pauquèt: Regen; aus: Katzentagebuch 105. Leselöwen Katzengeschichten, Loewe Verlag, Bayreuth 1978
S. 46 Katzen-Elfchen; Schülertexte
S. 47 Originalbeitrag nach Martin Kloß: Felix; aus: Martin Kloß, Felix auf dem gelben Kissen. Geschichten von Tieren in der Malerei, Verlag Weltkreis, Köln 1977
S. 48 Ria Gersmeier/Sabine Dreyer-Engels: Igelabenteuer; aus: Ria Gersmeier/Sabine Dreyer-Engels, Igelabenteuer, Gebr. Mann Verlag, Berlin 1996
S. 50 Unbekannter Verfasser: Tierrätsel (Hase, Schnecke); Edmund Jakobi/Rotraut Susanne Berner, Dunkel war's, der Mond schien helle. Verse, Reime, Gedichte, Gerstenberg Verlag, Hildesheim 1999
S. 50 Josef Guggenmos: Wem tut kein Zahn weh?; aus: Hans-Joachim Gelberg (Hrsg.), Überall und neben dir, © 1986 Beltz Verlag, Weinheim und Basel; Programm Beltz & Gelberg, Weinheim
S. 51 Jürgen Spohn: Manchmal; aus: Jürgen Spohn, Drauf und dran, Carlsen Verlag, Reinbek 1988
S. 51 Paul Maar: Jaguar und Neinguar; aus: Hans-Adolph Halbey (Hrsg.), Schmurgelstein so herzbetrunken. Verse und Gedichte für Nonsens-Freunde von 9-99, © 1988 Carl Hanser Verlag, München, Wien/ Deutscher Taschenbuch Verlag, München 2001
S. 52 Kirsten Boie: King-Kong, das Schulschwein, Verlag Friedrich Oetinger, Hamburg 1995 (Textauszug)
S. 55 Renate Voigt: Magst du Meerschweinchen?; aus: Meerschweinchen: Heimtiere, YPS-Info-Heft, Verlag Gruner und Jahr, Hamburg
S. 56 Axel Scheffler: Tier-Abc; aus: Hans-Joachim Gelberg (Hrsg.), Großer Ozean. Gedichte für alle, © 2000 Beltz Verlag, Weinheim und Basel; Programm Beltz & Gelberg, Weinheim
S. 57 Unser Abc-Buch; Originalbeitrag
S. 58 Der Schellen-Engel/Dieser Engel; Schülertexte
S. 59 Anne Steinwart: An Dezembertagen; aus: spiel mit 12/1990, Velber im OZ Verlag, Freiburg

S. 60 Ortfried Pörsel: Am Nikolausabend; aus: Vom Himmel hoch ...; Hrsg.: Schoeffinius-Pfeiffer, Ingrid, Goldmann Verlag, München 1969
S. 61 Kerze; Originalbeitrag
S. 62 Astrid Lindgren: Weihnachten im Stall; aus: Astrid Lindgren, Weihnachten im Stall, Übersetzung: Anna-Liese Kornitzky, Verlag Friedrich Oetinger, Hamburg 1991 (gekürzter Text)
S. 64 Weihnachten in anderen Ländern; Originalbeitrag
S. 67 Josef Guggenmos: Schneekristall; aus: Hans-Joachim Gelberg (Hrsg.), Überall und neben dir, © 2001 Beltz Verlag, Weinheim und Basel; Programm Beltz & Gelberg, Weinheim
S. 67 Josef Guggenmoos: Spuren von winzigen Zehen; aus: Josef Guggenmos, Was denkt die Maus am Donnerstag?, Deutscher Taschenbuch Verlag, München 2001
S. 68 Fredrik Vahle: Das Gewicht der Schneeflocke; aus: Fredrik Vahle, Weihnachtsgrüße, Gertraud Middelhauve Verlag, Köln 1987
S. 69 Hermann Krekeler/Marlies Rieper-Bastian: Eistaucher aus dem Gefrierfach; aus: Hermann Krekeler/Marlies Rieper-Bastian, Spannende Experimente, © by Ravensburger Buchverlag Otto Maier GmbH, Ravensburg 2000
S. 70 Max Velthuijs: Frosch im Winter; aus: Max Velthuijs, Frosch im Winter, Übersetzung: Brigitte Fleissner, Lentz Verlag in der F.A. Herbig Verlagsbuchhandlung GmbH, München 1992 (gekürzter Text)
S. 72 Fasching! Fastnacht! Karneval!; Schülertexte
S. 73 Narren feiern überall!; Originalbeitrag
S. 74 Sachtext zu Jean Tinguely „Baluba": Claudia Crämer nach Hildegard Müller; aus: Mücke, Heft 11, Universum Verlagsanstalt, Wiesbaden
S. 75 Ursula Wölfel: Die Geschichte von der Dreh-Hops-Wipp-Tute-Maschine; aus: Ursula Wölfel, Das Lachkind, Hoch Verlag, Stuttgart 1990
S. 76 Mira Lobe: Der verdrehte Schmetterling; aus: R. Wildermuth (Hrsg.), Der Esel zog Pantoffeln an, Verlag Heinrich Ellermann, Hamburg 1975
S. 77 Johannes Borer: Wirbelwörter – Wörtersalat, © Johannes Borer
S. 78 Volksgut: Im Lande der Zwerge; aus: Kindergedichte. Ein Bilderbuch von Margret Rettich, ausgewählt von Edith Harries, Ravensburger Buchverlag Otto Maier GmbH, Ravensburg 1978
S. 79 Anke Kuhl/Martin Schmitz: Wenn Buchstaben verschwinden; aus: Anke Kuhl/Martin Schmitz, Die Welt sähe ziemlich merkwürdig aus, wenn A, B, C oder andere Buchstaben einfach verschwänden; in: Der bunte Hund, 62/2002, Beltz Verlag, Weinheim und Basel; Programm Beltz & Gelberg, Weinheim
S. 80 James Krüss: Die sonderbare Stadt Tempone; aus: James Krüss, Der wohltemperierte Leierkasten, Mohn Verlag, Gütersloh 1961 (gekürzter Text)
S. 82 Heinrich Heine: Leise zieht durch mein Gemüt; aus: Heinrich Heine, Sämtliche Werke, Verlag Hoffmann und Campe, Hamburg 1975
S. 83 Christine Nöstlinger: Frühling; aus: Selke Signe (Hrsg.), Das Flügelpferd. Gedichte für die Grundschule, Schroedel Verlag, Hannover 1999
S. 84 Sabine Lohf: Osterzeit; aus: Sabine Lohf, Has, Has, Osterhas, Ravensburger Buchverlag Otto Maier GmbH, Ravensburg o.J.
S. 85 Ursel Scheffler: Der Dieb in der Osternacht; aus: Ursel Scheffler, Leselöwen Ostergeschichten, © 1995 by Loewe Verlag, Bindlach (gekürzter Text)
S. 88 KNISTER: Schnaddel di daddel; aus: KNISTER, Paul Maar, Frühlingsboten und Hasenpfoten, K. Thienemann Verlag, Stuttgart – Wien
S. 90 Josef Guggenmos: Die Tulpe; aus: Josef Guggenmos, Was denkt die Maus am Donnerstag?, Georg Bitter Verlag, Recklinghausen 1967
S. 91 Tulpen am Fenster; Originalbeitrag
S. 92 Merve: Ich und meine Sprachen; Schülertext
S. 93 Volksgut: Abzählreime aus aller Welt; aus: Ursula Neumann, Mehr Sprachen für alle KInder; in: Die Grundschulzeitschrift 43/1991, Friedrich Verlag, Velber
S. 94 Nach Matthias Mala: Sand-Malerei; aus: Matthias Mala, Komm und spiel mit uns! Das Unicef-Buch der Kinderspiele, Arena Verlag, Würzburg 1993
S. 95 Nach Matthias Mala: Schnurr-Katze; aus: Matthias Mala, Komm und spiel mit uns! Das Unicef-Buch der Kinderspiele, Arena Verlag, Würzburg 1993
S. 96 Das türkische Zuckerfest: Originalbeitrag
S. 97 Helva: Originalbeitrag
S. 98 Ursula Krebs: Alisetti aus Tansania; aus: Ursula Krebs, Wir lieben unser Land. Kinder erzählen aus Tansania, © Jugenddienstverlag, Wuppertal 1979
S. 100 nach Lisa Tetzner: Vom Zarengeneral und vom klugen Bauern; aus: Märchen, gesammelt und nacherzählt von Lisa Tetzner, Fischer Bücherei KG, Frankfurt/Main und Hamburg 1958 (gekürzter Text)
S. 102 Lutz Rathenow: Ist die Sonne sonnig heiß; aus: Lutz Rathenow, Der Himmel ist heut blau, Kinderbuchverlag, Berlin 2000
S. 103 Bernhard Lins: Was der Sommer alles macht; aus: Bernhard Lins, Was der Sommer alles macht, Verlag Herder, Freiburg 1981
S. 104 Cornelia Funke: Das beste Fundstück; aus: Cornelia Funke, Leselöwen Strandgeschichten, © 1999 by Loewe Verlag, Bindlach (Textauszug)
S. 106 Una Jacobs: Vom Aufblühen und Verblühen; aus: Una Jacobs, Kreislauf des Lebens, Verlag Heinrich Ellermann, Hamburg 2003
S. 108 Sven Nordqvist: Findus baut Schiffe; aus: Sven Nordqvist, Verlag Friedrich Oetinger, Hamburg 1999
S. 111 Inge Meyer-Dietrich: Traumbuch; aus: Hans-Joachim Gelberg (Hrsg.), Großer Ozean. Gedichte für alle, © 2000 Beltz Verlag, Weinheim und Basel; Programm Beltz & Gelberg, Weinheim
S. 112 Jürg Schubiger: Warum das Kamel einen müden Blick hat; aus: Jürg Schubiger, Als die Welt noch jung war, © 1995 Beltz Verlag, Weinheim und Basel; Programm Beltz & Gelberg, Weinheim (gekürzter Text)
S. 114 Märchen der Cherokesen: Die Schildkröte schämt sich; aus: Ute Andresen/Monika Popp, Bruder Löwenzahn und Schwester Maus. Geschichten von der Natur, Ravensburger Buchverlag Otto Maier GmbH, Ravensburg 1989
S. 116 Brüder Grimm: Der goldene Schlüssel; aus: Brüder Grimm, Kinder- und Hausmärchen gesammelt durch die Brüder Grimm, Insel Verlag, Frankfurt/Main 1974

S. 118 Peter Härtling: Auf Sätzen…; Originalbeitrag Peter Härtling

S. 119 Wolf Harranth: Nimm ein Buch; aus: Hans-Joachim Gelberg (Hrsg.), Überall und neben dir, © 1989 Beltz Verlag, Weinheim und Basel; Programm Beltz & Gelberg, Weinheim

S. 119 Hans Baumann: Zwei Bücher; aus: Hans-Joachim Gelberg (Hrsg.), Überall und neben dir, © 1989 Beltz Verlag, Weinheim und Basel; Programm Beltz & Gelberg, Weinheim

S. 120 Pascal Biet: Der kultivierte Wolf; aus: Pascal Biet, Der kultivierte Wolf, Lappan Verlag, Oldenburg 1999 (Textauszug)

S. 122 Ich über mich; Originalbeitrag Paul Maar

S. 124 Paul Maar: Tina und Timmi machen einen Ausflug; aus: Paul Maar, Tina und Timmi machen einen Ausflug, © Verlag Friedrich Oetinger, Hamburg 1997

S. 128 Ein Fall für den Bücherwurm; Originalbeitrag

S. 136 Meine Buchempfehlung; Originalbeitrag

S. 138 Von der Raupe zum Schmetterling; Originalbeitrag

S. 140 Wladimir Sutejew: Drei Kätzchen; aus: H. R. Lückert, Ich sammle Wörter, Gertraud Middelhauve Verlag, Köln 1969

S. 142 Josef Guggenmos: Mäusekrimi; aus: Josef Guggenmos, Oh Verzeihung, sagte die Ameise, © 1990 Beltz Verlag, Weinheim und Basel; Programm Beltz & Gelberg, Weinheim

S. 144 Josef Guggenmos: Der Hase und der Elefant; aus: Josef Guggenmos, Wer braucht tausend Schuhe?, Stalling Verlag, Oldenburg 1980

S. 146 Gina Ruck-Pauquèt: Hausspruch; aus: Inge Leutich/Ruth Ruzicka, Die bunte Kinderschaukel, Annette Betz Verlag, München 1976

S. 148 Unbekannter Verfasser: Den Herbst erleben; Quelle unbekannt

S. 148 Christina: Den Sommer erleben; Schülertext

S. 150 Janosch: Herr Wuzzel und sein Karussell; aus: Janosch, Herr Wuzzel und sein Karussell, Parabel Verlag, München 1967

S. 152 Wörter verstecken; Originalbeitrag

S. 152 Wo Wörter wohnen; Originalbeitrag

S. 153 Buchstaben tauschen; Originalbeitrag

S. 154 Vera Ferra-Mikura: Regenschirme; aus: Hans-Joachim Gelberg (Hrsg.), Die Stadt der Kinder, © 1969 Beltz Verlag, Weinheim und Basel; Programm Beltz & Gelberg, Weinheim

S. 156 Hans-Adolf Halbey: Kommt ein Tag in die Stadt; aus: Selke Signe (Hrsg.), Das Flügelpferd. Gedichte für die Grundschule, Schroedel Verlag, Hannover 1999

S. 158 Fred Reinke: Balduins große Reise; aus: Fred Reinke, Balduins große Reise, Postreiter Verlag, München o.J.

S. 160 Martin Auer: Herr Balaban; aus: Martin Auer, Herr Balaban und seine Tochter Selda, © 2002 Beltz Verlag, Weinheim und Basel; Programm Beltz & Gelberg, Weinheim

S. 162 Ed Young: Sieben blinde Mäuse; aus: Ed Young, Sieben blinde Mäuse, Altberliner Verlag, Berlin 1995

Bildquellen

S. 16 Pablo Picasso, Mädchen mit Taube, Kunstdia-Archiv Artothek, Peissenberg; © Succession Picasso / VG Bild-Kunst, Bonn 2000

S. 17 aus: Aliki, Gefühle sind wie Farben, © 1987 Beltz Verlag, Weinheim und Basel; Programm Beltz & Gelberg, Weinheim

S. 19 © Erhard Dietl, München

S. 24–25 aus: Mercer Mayer, Da liegt ein Krokodil unter meinem Bett, Verlag Friedrich Oetinger, Hamburg

S. 27 aus: Antje Damm, Frag mich! 108 Fragen an Kinder, um miteinander ins Gespräch zu kommen, © Moritz Verlag, Frankfurt/Main 2002

S. 28 Jozef Israëls, Meereskinder (48,5 x 93,5 cm), © Rijksmuseum, Amsterdam

S. 32 aus: Aliki, Gefühle sind wie Farben, © 1987 Beltz Verlag, Weinheim und Basel; Programm Beltz & Gelberg, Weinheim

S. 33 aus: Aliki, Sag's, tu's – aber freundlich, © 1993 arsEdition, München

36–37 aus: Tomie de Paola, Erst den einen Fuß und dann den anderen, © 1996 arsEdition, München

S. 38 Pierre Dupuis, Pflaumen, Melonen und Pfirsiche auf Marmortisch (Ausschnitt), © Musée du Louvre, Paris

S. 42–44 aus: Ben Kuipers, Ich bin dein Freund, aus dem Niederländischen von Hedwig von Bülow. Mit Bildern von Ingrid Godon, © 2002 Nagel & Kimche im Carl Hanser Verlag, München – Wien

S. 46 Franz Marc, Die weiße Katze, Kunstdia-Archiv Artothek, Peissenberg; Foto: Reinhard Hentze, Halle

S. 48 oben © Bildarchiv Okapia, Frankfurt; Foto: Lothar Lenz

S. 48 unten © Cornelia und Ramon Dörr, Düsseldorf

S. 48–49 © Bildagentur WILDLIFE, Hamburg; Foto: Usher (Laub)

S. 49 o. und u. © Reinhard-Tierfoto, Heiligkreuzsteinach

S. 50 aus: Dunkel war's, der Mond schien helle. Mit Bildern von Rotraut Susanne Berner. Gesammelt von Edmund Jacoby, © 1999 Gerstenberg Verlag, Hildesheim

S. 51 aus: Hans Adolf Halbey, Schmurgelstein so herzbetrunken. Nonsens-Verse für Leute von 9 bis 99. Herausgegeben, versammelt und gemischt von Hans Adolf Halbey. Mit zahlreichen farbigen Illustrationen von Rotraut Susanne Berner, © 1988 Carl Hanser Verlag, München – Wien

S. 52–54 aus: Kirsten Boie, King-Kong, das Schulschwein, Illustrationen: Silke Brix, © Verlag Friedrich Oetinger, Hamburg

S. 55 oben Lutz Pape, Braunschweig

S. 55 unten © Tierbildarchiv Angermayer, Holzkirchen

S. 56 Axel Scheffler, Tier-ABC; aus: Hans-Joachim Gelberg (Hrsg.), Großer Ozean, © 2000 Beltz Verlag, Weinheim und Basel; Programm Beltz & Gelberg, Weinheim

S. 58 Paul Klee, Schellen-Engel, 1939, 966 (AB 6), 29,5 x 21 cm, Bleistift auf Papier mit Leimtupfen auf Karton, Paul-Klee-Stiftung, Kunstmuseum Bern; VG Bild-Kunst, Bonn 2004
S. 66 Gabriele Münter, Frühstück der Vögel, 1934 (Oil on board, 18 x 21 3/4 in., The National Museum of Women in the Arts, Gift of Wallace and Wilhelmina Holladay); © VG Bild-Kunst, Bonn 2004
S. 69 aus: Hermann Krekeler/Marlies Rieper-Bastian, Spannende Experimente, © by Ravensburger Buchverlag, Ravensburg 2000
S. 70–71 Mit freundlicher Genehmigung des Lentz Verlages in der F.A. Herbig Verlagsbuchhandlung GmbH, München 1992 © für die deutsche Ausgabe Entnommen aus: Velthuijs, Frosch im Winter
S. 72 oben Deutsche Presse Agentur GmbH, Hamburg
S. 72 unten © laif, Agentur für Photos und Reportagen, Köln
S. 73 Schülerzeichnung
S. 74 Jean Tinguely: Baluba Nr. III, 1961; © Rheinisches Bildarchiv, Köln / VG Bild-Kunst, Bonn 2003
S. 77 © Johannes Borer
S. 79 © Anke Kuhl, Frankfurt/Main
S. 82 Vincent van Gogh, Blühende Zweige eines Mandelbaumes (Ausschnitt), 1890, Van Gogh Museum, Amsterdam
S. 85–87 aus: Ursel Scheffler, Leselöwen-Ostergeschichten, © 1995 by Loewe Verlag, Bindlach
S. 92 Schülerzeichnung
S. 95 Cover: Matthias Mala, Komm und spiel mit uns! Das Unicef-Buch der Kinderspiele. Erschienen 1993 im Arena Verlag GmbH, Würzburg
S. 98–99 aus: Ursula Krebs, Wir lieben unser Land, Jugenddienstverlag, Wuppertal 1979
S. 102 Vincent van Gogh, Sämann bei untergehender Sonne (Ausschnitt), 1880, Kröller-Müller-Museum, Otterlo (Niederlande)
S. 105 aus: Cornelia Funke, Leselöwen-Strandgeschichten, © 1999 by Loewe Verlag, Bindlach
S. 106–107 aus: Una Jacobs, Kreislauf des Lebens, © Verlag Heinrich Ellermann, Hamburg
S. 108–109 aus: Sven Nordqvist, Mit Findus durchs ganze Jahr, © Verlag Friedrich Oetinger, Hamburg
S. 110 aus: Hans-Joachim Gelberg (Hrsg.), Großer Ozean. Gedichte für alle, Illustration: Rotraut Susanne Berner, © 2000 Beltz Verlag, Weinheim und Basel; Programm Beltz & Gelberg, Weinheim
S. 112 aus: Jürg Schubiger, Als die Welt noch jung war, Illustration: Rotraut Susanne Berner, © 1995, 2000 Beltz Verlag, Weinheim und Basel; Programm Beltz & Gelberg, Weinheim
S. 116–117 aus: Kinder- und Hausmärchen, gesammelt durch die Brüder Grimm, hrsg. von Ingeborg Weber-Kellermann, Insel Verlag, Frankfurt/Main 1984
S. 118 Heilige Apollonia, um 1450; © Edition herre, Stralsund
S. 120–121 aus: Pascal Biet, Der kultivierte Wolf, © für die deutsche Ausgabe 1999 Lappan Verlag GmbH, Oldenburg
S. 122–123 © Paul Maar, Bamberg
S. 124–127 aus: Paul Maar, Tina und Timmi machen einen Ausflug, Illustrationen: Julia Wittkamp, © Verlag Friedrich Oetinger, Hamburg
S. 136 aus: Paul Maar, Eine Woche voller Samstage, © Verlag Friedrich Oetinger, Hamburg
S. 138 oben © Andreas Fischer-Nagel, Spangenberg
S. 138 Mitte und unten © Tierbildarchiv Angermayer, Holzkirchen
S. 162–164 aus: Ed Young, 7 Blinde Mäuse, © Altberliner Verlag GmbH, Berlin – München 1995

Herausgegeben von
Prof. Dr. Annegret von Wedel-Wolff, Schrozberg
Prof. Dr. Manfred Wespel, Schwäbisch Gmünd

Erarbeitet von
Claudia Crämer, Göppingen
Dr. Stephanie Jentgens, Wuppertal
Dr. Kathrin Waldt, Hannover

Unter Verwendung
einzelner Ideen aus dem Mobile 2 Lesebuch,
Ausgabe Bayern (erarbeitet von Heidi Grunert,
Margit Lermer, Saskia Gampenrieder)

Unter Beratung von
Franz Hecking, Neuwied

Illustrationen von
Birgit Antoni, Wien
Merle Bormuth-Bechtold, Lana
Heidrun Boddin, Hamburg
Dorothée Boehlke, Hamburg
Antje Damm, Nürnberg
Oda Ruthe, Braunschweig

Fotos von
Hanne Hinz, Braunschweig
Klaus G. Kohn, Braunschweig

Zum Lesebuch Mobile 2 gehören:

Schülerband, 176 Seiten, ISBN 3-14-12 0222-2
Lehrermaterial im Ordner, ISBN 3-14-19 0222-4
Kopiervorlagen, 72 Seiten, ISBN 3-14-19 0225-9
Ordner mit Register, kostenlos, ISBN 3-14-19 5000-8

Druck A ^{2} / Jahr 2005
Alle Drucke der Serie A sind im Unterricht parallel verwendbar.

Redaktion: Ruth Mühlenhoff
Lay-out und Herstellung: Annette Henko
Umschlaggestaltung: Thomas Schröder
Druck und Bindung: westermann druck GmbH, Braunschweig

ISBN 3-14-**12 0222**-2